AF390176

Logística inversa
en la gestión de la cadena de suministro

Domingo Cabeza

Logística inversa
en la gestión de la cadena de suministro

Domingo Cabeza

Con la colaboración de:

www.logisnet.com

Colección: BIBLIOTECA DE LOGÍSTICA
Director: David Soler

LOGÍSTICA INVERSA EN LA GESTIÓN DE LA CADENA DE SUMINISTRO
1.ª edición, 2012

© 2012, Domingo Cabeza
© de esta edición, incluido el diseño de la cubierta: ICG Marge, SL
© de las fotografías de la portada: *a)* Paul Prescott; *b)* www. blueterabyte.com; *c)* Joan Arribas Armengol,
Formació i Treball, Fundació Privada; *d)* EGD, Shutterstock.com

Edita
Marge Books - València, 558, ático 2.ª - 08026 Barcelona
Tel. +34-932 449 130 - Fax +34-932 310 865 - www.marge.es

Gestión editorial: Hèctor Soler, Anna Palacios
Edición: Kike Juanico, Rosa Serra
Colaboración editorial: Míriam López
Compaginación: Mercedes Lara
Impresión: Safekat, SL (Madrid)

ISBN edición impresa: 978-84-15340-58-4
ISBN edición digital: 978-84-16171-70-5
Depósito Legal: B-10.080-2012

El papel empleado en este libro no ha sido blanqueado con cloro elemental (CI_2).

A mi hija Alicia.

Índice

Capítulo 4

El autor

Domingo Cabeza Nieto

Nacido en Sevilla (España) en 1960, es ingeniero en Mecánica por la Universitat Politècnica de Catalunya (UPC). Se ha especializado en metalografía y física de sólidos en la Escuela Superior de Ingenieros Industriales de Vigo y posee dos posgrados, Dirección de producción y operaciones, por Esade, y Dirección de empresas, por el Iese. Es destacable su especialización en logística integral, también por Esade.

Ha ocupado diversos puestos directivos en empresas nacionales, internacionales y multinacionales en las áreas de operaciones, industrial, logística y logística inversa en España, Reino Unido, Francia, Holanda y República Checa.

En la actualidad, compagina su actividad profesional con la de profesor sénior de la Fundación Icil, donde imparte clases en los programas de máster en Compras y Comercio Internacional, así como en los de Supply Chain Management. Es, a su vez, profesor del grado universitario en Negocios y Marketing Internacional en Esci-UPF, en Barcelona.

En 2008 fue calificado tecnólogo-investigador por el Ministerio de Ciencia e Innovación español por sus trabajos en la industrialización, pionera en Europa, de los plásticos biodegradables.

Presentación

Mi amigo Domingo Cabeza ha insistido mucho en que escriba para él esta presentación de su libro sobre logística inversa, no sé si por nuestra relación personal o por la profesional en el seno de la Fundación Icil.

El libro trata sobre una temática que, lenta pero inexorablemente, adquiere especial importancia en las empresas y que, de ser un «enojoso problema» a comienzos del siglo xxi, se ha convertido en una clara «herramienta de competitividad».

La gestión de la logística inversa, conocida internacionalmente como *reverse supply chain management* (RSCM), cubre todo el amplio abanico del flujo de productos y complementos que se inicia después de la entrega del suministro primario y que, conocido tradicionalmente por el nombre de *devoluciones,* ampara la optimización de este flujo inverso de productos y embalajes analizando todas las posibilidades: reutilización en la cadena de suministro, reparación, restauración, remanufactura parcial, reciclado de materias primas o eliminación definitiva, decidiendo en cada caso qué es lo que hay que aplicar, cómo y cuándo.

Los ciclos de vida de los productos, cada vez más cortos; el exceso de oferta y la demanda caprichosa que ello provoca, y la legislación medioambiental han aumentado y complicado en la primera década del siglo xxi este flujo «inverso». La crisis económica desatada en 2008 ha incrementado exponencialmente este flujo, motivo por el cual, en la mayoría de los casos, este ha dejado de ser un «enojo» y ha constituido un «problema» de importancia creciente.

Como muy bien se explica en esta obra, las circunstancias y características que presenta el flujo en la logística inversa son completamente diferentes de las de la logística directa o primaria; en consecuencia, las estrategias y técnicas por implantar para optimizar el flujo inverso poco o nada tienen que ver con las convencionales.

La problemática que presenta la RSCM puede definirse como de economía de escala con volúmenes mucho más pequeños que surgen de orígenes dispersos, por lo que conseguir costes semejantes a los de la logística directa parece imposible y el importe económico que supone para las empresas ya es considerable.

Sin embargo, curiosamente, la necesidad de reducir el coste en la casuística de la logística inversa ha sido una de las circunstancias que han provocado con más fuerza el surgimiento de las estrategias fundamentales para competir en la logística directa. Se trata de la colaboración con los integrantes de la propia cadena de suministro, con prestatarios de nuevos servicios logísticos, con terceros y hasta con empresas de la competencia, en la que la sinergia que crea la colaboración es más ventajosa.

Desde finales de la década de 1980, la logística ha cobrado especial importancia. La revolución que suponía concentrar la totalidad de la responsabilidad del suministro y del coste global en un único cometido fue el primer paso, denominado *logística integral,* de progreso de la función. El siguiente avance, acontecido a principios del siglo XXI, consistió en comprender que no importa analizar lo que «nuestra» empresa desembolsa por un producto, sino su coste integral desde que nace en un proceso productivo hasta que muere al integrarse en otro o consumirse, independientemente de que lo fabriquemos o lo consumamos. Esta toma de conciencia supuso el nacimiento de la gestión de la cadena de suministro, en el que proveedores y clientes empezaron a trabajar en relaciones *win-win.* Luego, cinco años más tarde, un tercer paso nos permitió descubrir que para llegar rápido al mercado no solo es importante «nuestra» velocidad de reacción, sino que necesitamos que toda la cadena de suministro reaccione con una determinada velocidad, de modo que la competencia se sitúa más entre cadenas que entre empresas.

En el momento de edición de este libro, no sé si estamos inmersos en una crisis profunda y larga o en un cambio de modelo económico, pero tampoco veo demasiadas diferencias entre ambos. Ahora bien, sí creo que, como consecuencia de ello, las empresas se verán obligadas a reducir drásticamente el precio de sus productos y, obviamente, deberán realizar una también extrema disminución de costes.

Para conseguirlo, cuentan con dos alternativas: diseñar y desarrollar productos intrínsecamente más económicos o reducir de manera significativa sus costes, esencialmente los logísticos de adquisición de materiales y productos, fabricación y distribución física.

No cabe duda de que con los métodos convencionales (eficiencia productiva, negociación con los proveedores, implantación de nuevos modelos de distribución, etc.) no se alcanzarán los objetivos de reducción de coste necesarios.

En estas circunstancias, el problema de la logística directa presenta un paralelismo con la cuestión fundamental de la ya no despreciable logística inversa: hay que reducir costes empleando métodos nunca antes utilizados, y hemos aprendido en la aplicación de la RSCM que los beneficios de una colaboración son muy considerables.

Naturalmente, la colaboración en el marco de la logística inversa rompe muchos menos tabús que en la logística directa, y esto permite experimentar y comprobar sus ventajas más fácilmente, pero todos de la misma manera: nosotros, proveedores, clientes, terceros y competencia, debemos analizar y comprobar las posibilidades y ventajas que nos puede aportar una colaboración en logística inversa; aquellos que consigan realizar esta colaboración en su logística alcanzarán un factor de competitividad excepcional.

Por todo ello, amigo lector, le recomiendo encarecidamente la lectura de este libro, en el que no solo encontrará conceptos, sino que podrá analizar, a lo largo de varios casos prácticos de experiencias reales, qué soluciones se encontraron y cómo se implantaron. Le pido que lo lea con una mentalidad abierta, sin centrarse en los detalles y tratando de extender los conceptos asimilados a un amplio entorno en el que puede y debe incluir la logística directa.

Luis E. Doménech
Vice presidente ejecutivo de la Fundación Icil

Introducción

En los tiempos que corren, la mayoría de las organizaciones han coincidido en que, una vez que la calidad de sus productos o servicios son condición *sine qua non* y el precio lo fija el mercado, entre otras cuestiones esenciales, la clave estratégica para la competitividad reside en la optimización de su cadena de suministro *(supply chain management)*.

Este libro ofrece una aproximación teórica y, sobre todo, práctica a un aspecto de la cadena de suministro que, por razones de oportunidad y competitividad, resulta más que nunca imprescindible. Se trata de lo que se conoce como «logística inversa» y que se proyecta en la gestión de la cadena de suministro inversa *(reverse supply chain management* [RSCM]).

Quiero destacar el enfoque conceptual del libro hacia la optimización de recursos y la generación de valor económico para la empresa mediante la gestión de la logística inversa, más allá de los valores aceptados por la comunidad y el fuerte reconocimiento social que conlleva por sus beneficios para el medio ambiente y el desarrollo sostenible.

La segunda parte de esta obra trata mediante casos reales de los aspectos más relevantes de una gestión adecuada de los elementos que en toda organización se pueden enmarcar en el flujo de operaciones de logística inversa. Para ello, he seguido el hilo conductor que en las aulas de la Fundación Icil imparto a mis alumnos del Máster en Logística Integral-Supply Chain Management, y que se nutre a la vez de las valiosísimas aportaciones que estos realizan en su período formativo en la fundación.

El proceso requiere la definición de la logística inversa, así como el análisis de su importancia como factor de éxito empresarial, las ventajas y desventajas de su aplicación y, finalmente, los resultados operativos, estratégicos y de costes que representa su implantación en cualquier empresa, dependiendo del tipo de producto y de su repercusión en la cuenta de resultados. En síntesis, finalizaremos con la profundización del concepto de «gestión de la cadena de suministro inversa» como el más avanzado enfoque empresarial de gestión de logística inversa en el que se traduce la gestión de la cadena de suministro tan en vigor.

La concepción de la gestión de la cadena de suministro inversa se deriva directamente de la teoría económica enunciada a mediados de los años cincuenta del siglo xx por John Forbes Nash: «Un sistema económico alcanza su máximo grado de eficiencia cuando las partes que lo componen lo buscan para ellas, al tiempo que lo hacen para el conjunto de las partes que lo forman».

El concepto de gestión de la cadena de suministro inversa ha aportado una base científica a los profesionales y estudiosos de la logística, en particular de la logística inversa, que hasta su aparición era, por así decirlo, más o menos calificada de «buenas prácticas de gestión», y se complementaba en muchos casos con nociones y modelos provenientes de la investigación operativa dentro del ámbito general de las operaciones.

Es por ello por lo que considero esencial la aproximación conceptual a los modelos de gestión logística, combinada con la práctica y con experiencias de distintas situaciones de negocio y sectores empresariales que completen la utilidad deseada para este libro, en el que espero que el lector encuentre puntos de referencia para su aplicación en situaciones de negocio específicas.

Domingo Cabeza

Logística inversa
en la gestión de la cadena de suministro

Primera parte

Conceptos y bases teóricas

Capítulo 1

¿Qué es la logística inversa?

En primer lugar, detengámonos en la definición de «logística» que propuso la Fundación Icil en el año 2003:

> La logística es la estrategia que permite en cada caso cumplir los requisitos que pide el cliente con la máxima seguridad y la combinación óptima de costes, recursos y existencias en estrecha colaboración con los integrantes de la cadena de suministro global.

Veamos ahora cómo algunos autores definen lo que se entiende por «logística inversa»:

> El proceso de planificar, implementar y controlar eficientemente el flujo efectivo de materias primas, inventario semiprocesado, bienes terminados e información referida a estos, desde el punto de consumo al punto de origen, con la finalidad de obtener valor o su correcta descomposición.
> *Rogers & Tibben-Lembke, 1998*

> La logística inversa es un proceso mediante el cual las empresas pueden llegar a ser más eficientes medioambientalmente por medio del reciclaje, la reutilización y la reducción de la cantidad del material que utilizan.
> *Carter & Ellram, 1998*

Todas estas descripciones, sin dejar de ser ciertas, adolecen de la falta del sentido último de maximización del valor económico de la logística inversa, por lo que el autor se permite aportar la definición siguiente al entender que encaja de modo más preciso con la tesis de este libro:

La logística inversa abarca el conjunto de actividades logísticas de *recogida, desmontaje* y *desmembramiento* de productos ya usados o sus componentes, así como de materiales de distinto tipo y naturaleza, con objeto de *maximizar* el aprovechamiento de su valor, en sentido amplio de su *uso sostenible* y, en último caso, su destrucción.

Veamos cuáles son las palabras clave:

– Recogida.
– Maximización del valor.
– Uso sostenible.

Ciclo de vida de un producto. Paradigma de la logística inversa

Detengámonos aquí brevemente y analicemos en detalle el esquema de la figura 1, referente al ciclo de vida de un producto.

El ciclo de vida de un producto nace con su diseño, de acuerdo con la utilidad final de dicho producto, con sus objetivos económicos y de rentabilidad y, por supuesto, con el mayor o menor acierto en su presentación para el cliente y, por último, para el consumidor final.

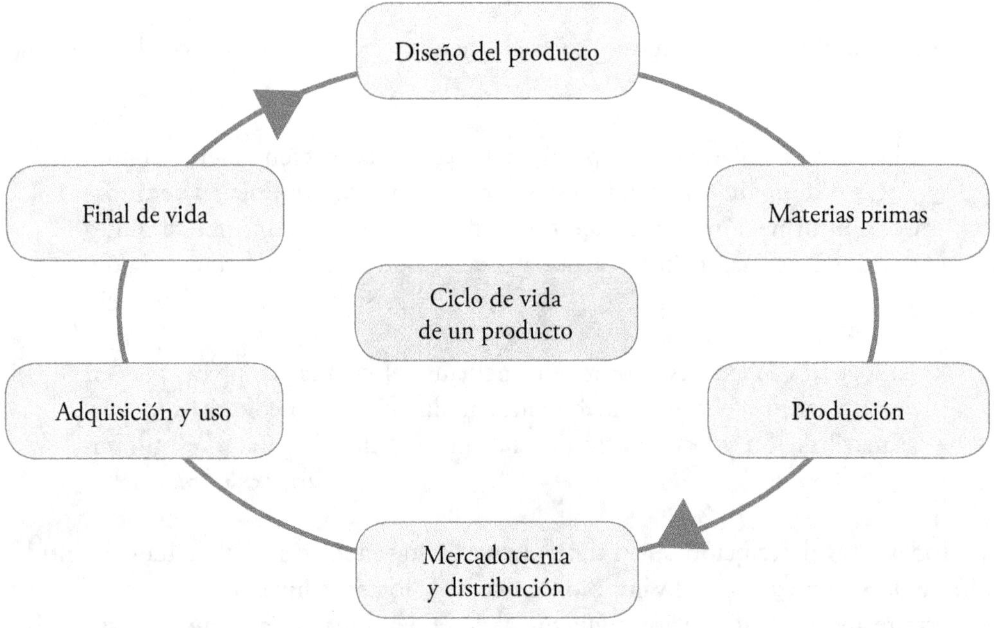

Figura 1. Ciclo de vida de un producto.

Las materias primas son, por definición, los constituyentes principales del producto y de su funcionalidad, resistencia, etc. La producción es la acción industrial mediante la cual se transforma la materia prima en un producto acabado, de modo que el diseño operativo del proceso productivo condiciona su rentabilidad en la mayoría de los casos. La mercadotecnia *(marketing)* y la distribución son las fases mediante las cuales el producto llega como tal a los clientes y, en último caso, consumidores finales. La fase de adquisición y uso es, dentro del ciclo de vida del producto, el momento en el que el consumidor interactúa directamente con este. La fase de final del ciclo de vida, a la que hasta la aparición de la logística inversa se daba una importancia relativa, es por definición aquella en la que el producto como tal deja de existir.

Pues bien, todo esto es conocido y las distintas disciplinas de la dirección y gestión de empresa han profundizado en su conocimiento y su eficiencia; no obstante, en las últimas décadas, debido a razones medioambientales, de concienciación social sobre el medio ambiente y, en definitiva, de sostenibilidad económica de las empresas (y, en último término, de los países), ha aparecido un nuevo paradigma en el mencionado ciclo de vida del producto, que se muestra en la figura 2.

Según este nuevo paradigma, «quien produce el artículo es responsable de los impactos de su ciclo de vida». Esta nueva perspectiva ha implicado un profundo cambio, de tal manera que cada uno de los eslabones del ciclo de vida del producto tiene muy en cuenta su impacto medioambiental y, por extensión, es la empresa productora la última responsable.

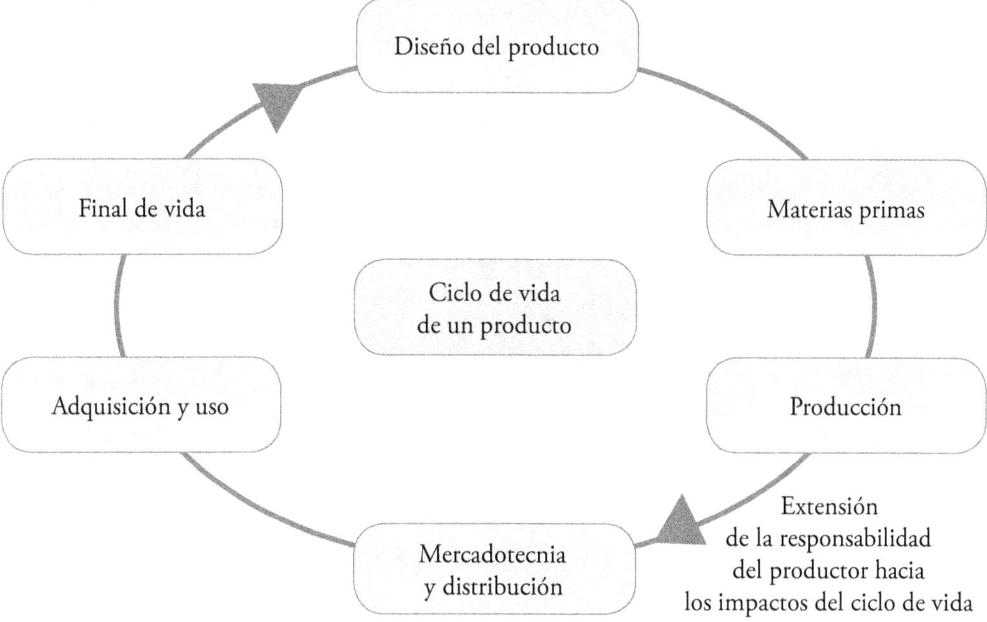

Figura 2. Ciclo de vida de un producto. Responsabilidad del productor.

En una simplificación no exenta de sentido, se puede decir que «quien contamina paga».

Veamos en detalle los cambios que este nuevo paradigma ha propiciado en cada uno de los eslabones fundamentales del ciclo de vida del producto.

El diseño ha de llegar más allá y debe contemplar elementos menos contaminantes o directamente no contaminantes y reciclables, y también la reducción de la variación de materiales; debe simplificar el número de composiciones y facilitar el desmontaje, así como una configuración dirigida a la reutilización del producto.

Las materias primas han de focalizarse en reducir el impacto en el medio ambiente, en incorporar en su base materiales procedentes del reciclado de estos y en su simplificación y estandarización. La fase de producción debe ahora hacer hincapié no solo en la utilidad del producto en sí, sino también, muy especialmente, en el envase y el embalaje que lo acompañan. Es notorio el impacto medioambiental de dichos envases y embalajes, sobre todo en el caso de los de difícil eliminación o reciclaje.

Ahora, la mercadotecnia y la distribución deben tener muy en cuenta:

– El impacto social positivo que posee un producto no contaminante o que impacta en un grado mínimo en el medio ambiente.
– Los nuevos estándares de embalajes y su optimización.

La fase de adquisición y uso, en la que el consumidor interactúa con el producto, está afectada por una conciencia creciente de respeto por el medio ambiente, lo que incluye aspectos relacionados con su clasificación al final de su vida útil. En esta última fase de la vida del producto, se debe destacar el admirable cambio experimentado y todavía por experimentar en la sociedad, y en las empresas en particular, si se compara con lo que ocurría en el mundo occidental, sin ir más lejos, en la década de 1980. Es precisamente en esta fase en la que la logística inversa ha entrado de lleno para gestionar eficazmente los productos que alcanzan dicho estado.

Han aparecido empresas que actúan como operadores de logística inversa para los residuos sólidos urbanos y para los residuos industriales, recicladores, etc., que no solo resuelven un problema ecológico, sino que con su actividad aportan valor e incrementan el producto interior bruto (PIB) de cada país.

Los seis caminos de la logística inversa

En la figura 3 se describe un esquema básico de los flujos en logística directa.

En la logística directa, el flujo de materiales y productos se desplaza del proveedor al cliente, mientras que el flujo de información (demanda) circula desde el origen de este (cliente) hasta donde se satisface.

De forma más simplificada si cabe, en el caso de una empresa industrial, el flujo de materiales en logística directa se puede representar mediante el esquema de la figura 4.

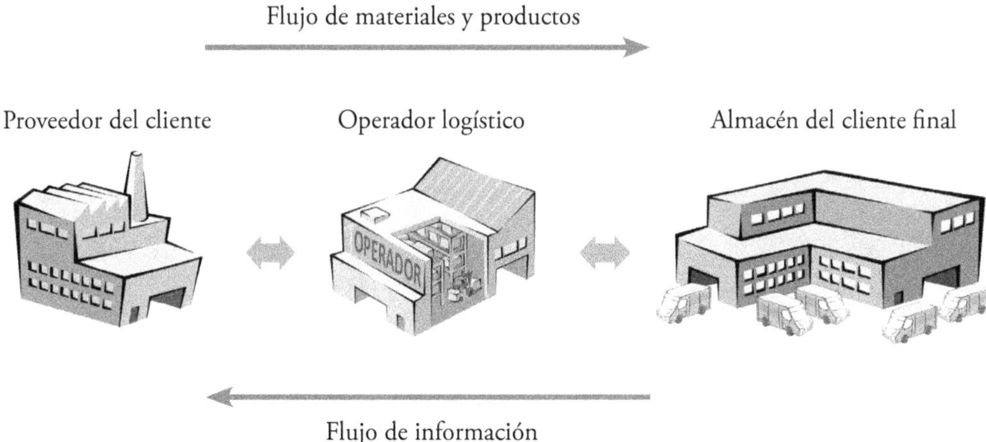

Figura 3. Flujo básico de logística directa.

En la figura 4 se aprecia que los materiales fluyen en su transformación desde la materia prima hasta el producto acabado, pasando por las distintas etapas del proceso operativo: fabricación de partes (subconjuntos), ensamblaje de módulos, ensamblaje del producto final y puesta a disposición en la fase de almacenaje, y distribución física (transporte). El producto, en síntesis, se desplaza desde el proveedor hasta el cliente final.

En la logística inversa, el flujo es algo más complejo. Podemos observarlo en los siguientes esquemas, en los que se representan los distintos flujos o «caminos» que se pueden originar según la tipología del producto y el mayor o menor grado de posicionamiento dentro de su vida útil (ciclo de vida y final de vida).

- **Camino 1. Reutilización o reventa**
  Consiste en recuperar el producto para darle un nuevo uso, dado que este mantiene su forma y posee un nulo o escaso deterioro. En este caso, el producto es sometido a operaciones de limpieza y mantenimiento que permiten aprovecharlo en su totalidad, aunque existan mínimas diferencias con productos similares pero nuevos.

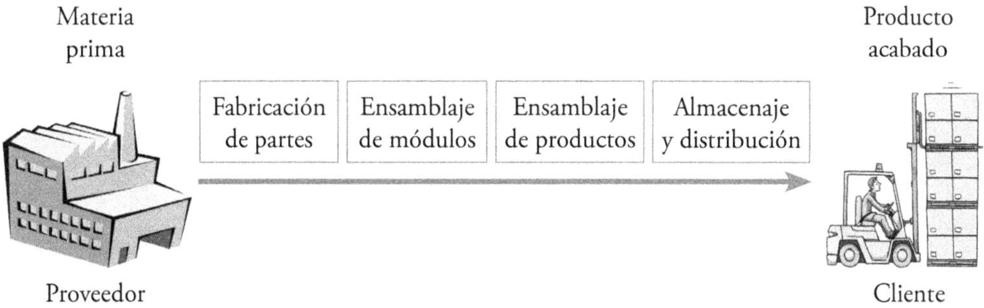

Figura 4. Esquema básico de logística directa.

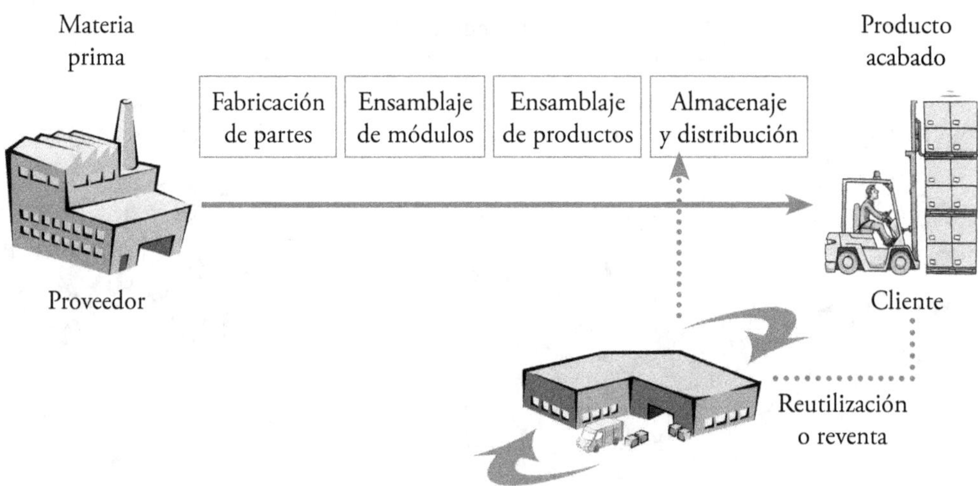

Figura 5. Camino 1 de la logística inversa: reutilización o reventa.

- ## **Camino 2. Reparación**

  En este caso, el producto usado es sometido a reparación para ponerlo de nuevo en funcionamiento. Estas operaciones se pueden llevar a cabo en el domicilio del cliente o en los talleres de servicio técnico del proveedor. La reparación nace generalmente de la necesidad de sustituir alguna pieza o componente que haya alcanzado el fin de su vida útil. Son ejemplos de este tipo de productos los pequeños electrodomésticos, las lavadoras, las secadoras, etc.

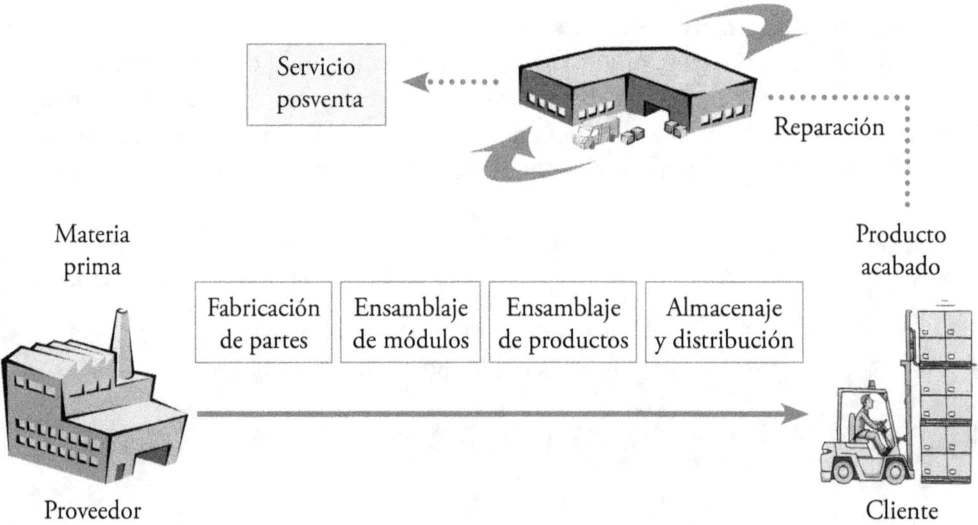

Figura 6. Camino 2 de la logística inversa: reparación.

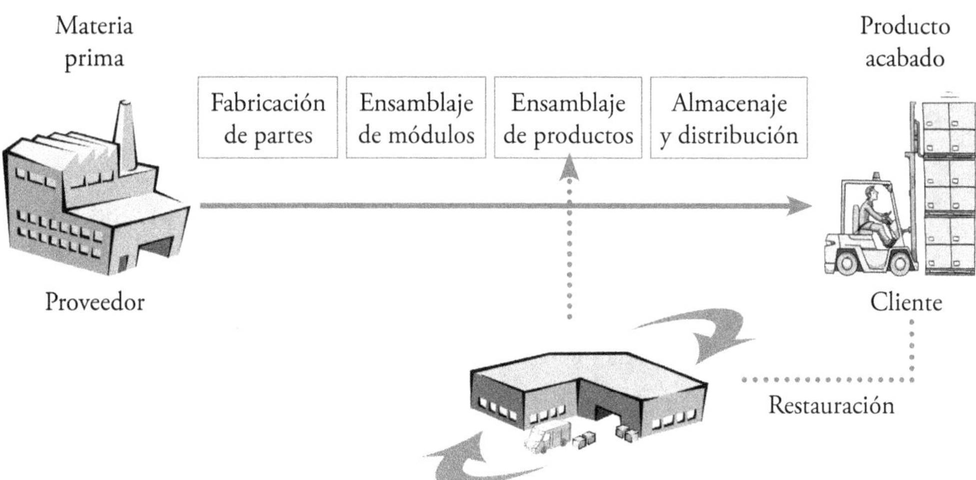

Figura 7. Camino 3 de la logística inversa: restauración.

- **Camino 3. Restauración**

  Consiste en devolver el valor al producto usado mediante la utilización de nuevas tecnologías que permitan ampliar su vida útil. Esta operación suele llevarse a cabo en el caso de la aviación civil y militar, por ejemplo.

- **Camino 4. Refabricación y canibalización**
  - *Refabricación.* Los componentes sometidos a este tipo de recuperación tienen un grado de descomposición medio-alto y ofrecen a las empresas un beneficio

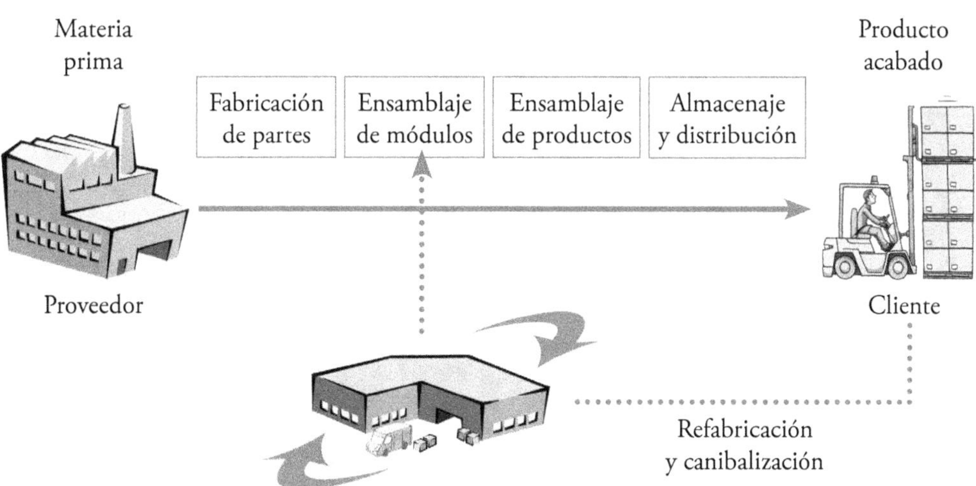

Figura 8. Camino 4 de la logística inversa: refabricación y canibalización.

significativo, ya que al emplearlos en la remanufactura de un producto original se consiguen costes de fabricación en muchos casos cercanos al 50% de los de un componente nuevo. De este caso son ejemplos la industria del automóvil, la electrónica, la telefonía móvil, etc.

— *Canibalización.* Se conocen así aquellas operaciones de gestión de productos fuera de uso (en el final de su vida útil) en las que solo se recupera una parte mínima de los componentes que posteriormente se utilizarán en el proceso de fabricación. Estas partes, como los componentes electrónicos, por ejemplo, se destinan a operaciones de reparación, restauración y refabricación.

- **Camino 5. Reciclaje**
  Mediante el reciclaje se busca la recuperación del material residual de un producto para reutilizarlo como materia prima en la elaboración de uno nuevo, el cual puede alcanzar los niveles de calidad de un producto original mediante el uso de tecnologías cada vez más avanzadas. Es un procedimiento que permite el aprovechamiento de residuos, con lo que se reducen el volumen de desechos y la necesidad de utilizar otras materias primas, lo que redunda en ahorro de energía y de recursos naturales. Además, el reciclaje contribuye de manera muy efectiva al incremento del PIB y, por extensión, del empleo. En efecto, algunos estudios cifran en decenas miles los nuevos puestos de trabajo que puede crear el tratamiento de los residuos por operadores especializados si estos, en lugar de exportarse, se reciclan *in situ*.[1]

- **Camino 6. Vertedero e incineración**
  — *Vertedero controlado.* Opción que pone punto final al ciclo de vida de un producto. Se emplea en caso de que el producto no pueda ser acondicionado o utilizado de ninguna otra manera. Tiene lugar en grandes extensiones de terreno, donde se excava y se rellena alternando capas de basura y de tierra que se compactan. Se debe elegir una zona geológica y topográficamente adecuada para evitar la contaminación en la superficie y en las aguas subterráneas. Debido a que la descomposición anaeróbica de los desechos orgánicos genera gases, el relleno sanitario debe tener buena ventilación para evitar explosiones. También conviene destacar el aprovechamiento de los residuos como biomasa que genere gas combustible.

---

[1] En el caso de la Unión Europea, un estudio de la asociación Plastics Recyclers Europe (www.plasticsrecyclers.eu) estima que la creación de empleo derivada únicamente del reciclaje de los residuos plásticos en el territorio comunitario se traduciría en 50.000 nuevos puestos de trabajo *(Plásticos y caucho,* 658 [2011], pág. 6).

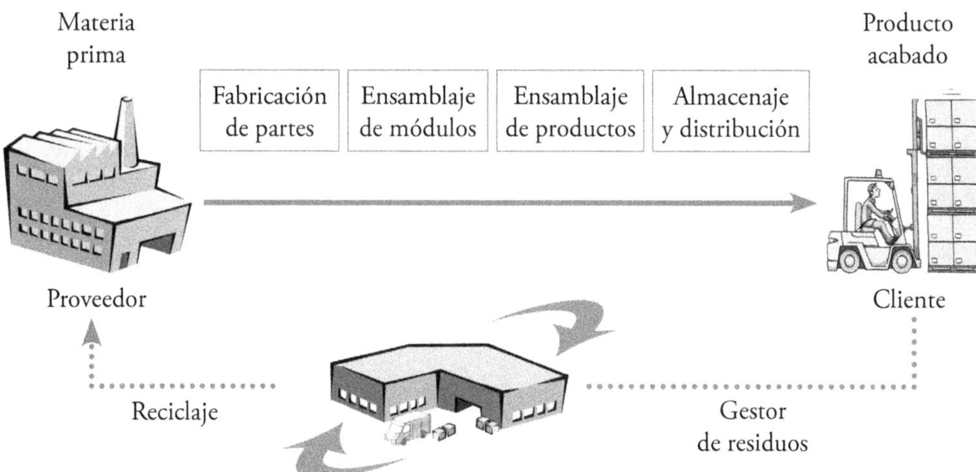

Figura 9. Camino 5 de la logística inversa: reciclaje.

– *Incineración.* Consiste en un proceso de combustión controlada a altas temperaturas que transforma la fracción orgánica de los residuos en materiales inertes (cenizas) y gases. A lo largo del proceso de incineración se obtiene gran cantidad de calor que puede ser aprovechado para la calefacción en ciudades o para generar energía eléctrica. Si bien no se trata de un sistema de eliminación total, sí determina una importante reducción de peso (70 %) y volumen (80-90 %) de las basuras originales.

Como vemos, existen diferencias notables entre las distintas opciones que ofrece la logística inversa, con seis caminos o flujos diferentes frente al único que posee la logís-

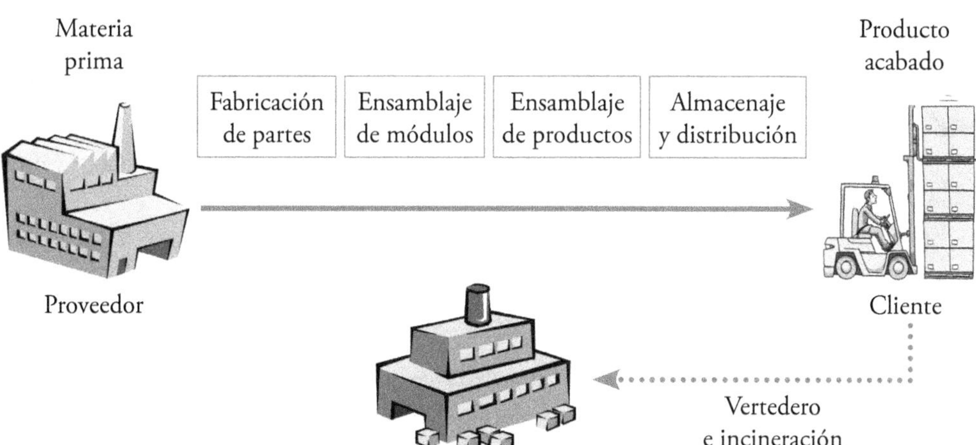

Figura 10. Camino 6 de la logística inversa: vertedero e incineración.

Logística directa	*Logística inversa*
Estimación de demanda relativamente cierta	Estimación de demanda más compleja
Transporte de uno a muchos, generalmente	Transporte de muchos a uno, generalmente
Calidad del producto uniforme	Calidad del producto no uniforme
Envase uniforme del producto	Envase a menudo dañado o inexistente
Precio relativamente uniforme	Precio en función de muchos factores
Reconocida importancia de la rapidez de entrega	Poca importancia, en general, de la rapidez de entrega
Costos definidos y monitorizados por sistemas de contabilidad	Costos menos visibles y rara vez contabilizados
Gestión de inventario relativamente sencilla	Gestión de inventario muy compleja
Ciclo de vida del producto gestionable	Ciclo de vida del producto más complejo
Métodos de *marketing* bien conocidos	*Marketing* complejo por varios factores

Tabla 1. Diferencias entre logística directa e inversa. Aspectos esenciales.

tica directa, que se origina en el proveedor y termina en el cliente final, pasando por los sucesivos eslabones de la cadena de suministro.

La logística inversa se enfrenta así a la gestión diferenciada de cada uno de sus caminos, que se resumen en la tabla 1.

Se puede considerar que la diferenciación fundamental entre la estimación y el consecuente modelo de actuación entre logística directa e inversa en numerosos sectores de actividad económica se halla en la demanda. La afirmación de que «nadie planifica las mermas y los rechazos» es en muchos casos una verdad contundente.

Las plantas petroquímicas de fabricación de resina plástica, por ejemplo, no pueden predecir con exactitud la cantidad de no calidad y de mermas del proceso que se producen en el período de un mes. Como máximo, pueden acercarse a gestionar sus residuos y mermas sobre la base de una serie cronológica histórica.

Igualmente, una cadena de distribución de juguetes y disfraces infantiles que opere en el canal del comercio minorista puede estimar mediante series cronológicas históricas que las devoluciones de distinto tipo y naturaleza se van a concentrar un mes después de la finalización de la campaña navideña, pero le será muy difícil prever la tipología de artículo que será devuelto, su estado, su nivel de deterioro, etc.

Asimismo, una empresa de estampación textil no puede conocer las mermas de proceso que sufrirá, los problemas de tinte, hilatura, confección, etc., que la obligarán a diseñar una estrategia de recogida o eliminación en cantidades de muy difícil predicción.

Una máxima de la logística directa en cuanto a la predicción de la demanda y su estimación reza así: «planificar no es adivinar el futuro, sino reducir su incertidumbre». En cambio, en logística inversa debemos «vivir con la incertidumbre», factor que puede resultar determinante en el modelo de gestión de logística inversa que se deba diseñar para maximizar sus beneficios.

La modelización y la estructuración del transporte también son factores de la cadena de suministro significativamente distintos cuando se trata de logística inversa. En logística directa, en especial cuando el diseño del transporte termina en la capilaridad (en el comercio minorista, por ejemplo), el modelo de red de transporte es en esencia de uno a muchos. En logística inversa, en cambio, habitualmente y en la mayoría de los sectores la modelización es de muchos a uno, ya sea este un reciclador, un operador logístico o, incluso, el propio productor.

Se ha avanzado mucho sobre el concepto de calidad en la gestión empresarial. La calidad es una condición necesaria para estar presente en el mercado. Se busca la uniformidad de la calidad del producto para la utilización diseñada, y los déficits de calidad se gestionan en el marco de parámetros y protocolos bien definidos, como las normas ISO 9000 y otras. Sin embargo, el concepto de calidad dentro de la logística inversa, ¿cómo se gestiona?

¿Cómo gestionar una calidad que en la logística inversa es no uniforme, es decir, cuando la calidad del producto está mermada en sí misma y no obedece a los criterios de producción que dieron origen al producto objeto de retorno? En este punto, la clasificación por tipologías y calidades diferenciadas es la herramienta de gestión que se utiliza en la logística inversa, y, como se puede apreciar, dista mucho de los procedimientos habituales de la logística directa.

Con todo, debemos señalar que son perfectamente útiles todas y cada una de las bases que sustentan los protocolos ISO 9000 en lo que a logística inversa se refiere, pero deben diseñarse atendiendo a la disparidad y a la no uniformidad de los productos objeto de esta.

En cuanto al envase y embalaje, las diferencias entre las logísticas directa e inversa son evidentes. En la logística directa asistimos a la uniformidad, la homogeneización, la estandarización, el marcaje y la identificación, que son algunos de los avances que han tenido lugar en la logística directa, con la consecuente reducción de sus costes. Basta con pensar en los sistemas de codificación de los productos,[2] en la normalización de los palés, etc., que han proliferado en la práctica totalidad de la generación de productos y en su puesta a disposición en el mercado.

La logística inversa se enfrenta a situaciones en las que a menudo el envase o el embalaje está dañado o, lo que es peor, es inexistente. La gestión y los procedimientos de identificación son muy complejos y, por consiguiente, costosos.

---

[2] Por ejemplo, en la Unión Europea, los protocolos EAN (European Article Numbering).

En la logística directa, el precio del producto, que al fin y al cabo fija el mercado, está influenciado por elementos clásicos en la gestión empresarial y, hasta cierto punto, se puede considerar uniforme para un período más o menos corto, ya que, como reflejo del valor del producto, su precio es determinante. En cambio, en la logística inversa, el precio no refleja de la misma manera el valor del artículo. La pregunta es evidente: ¿qué valor tienen los retornos, los residuos, las mermas, las no calidades, etc., los cuales constituyen la mayoría de los productos objeto de la logística inversa? La respuesta puede parecer simplista, que no simple: depende. Depende del estado del producto, de sus posibilidades de reutilización, de los costes repercutidos en su procesamiento, del precio de referencia que tenga al ser nuevo, de sus posibilidades y estado de reciclaje, y de un largo etcétera que evidencia que el precio que se fija en logística inversa está subordinado a múltiples factores.

La regla de las tres erres

La sencilla regla de las tres erres indica el proceso mental y de negocio sobre los hábitos de consumo particular y de las propias empresas que ha de ser la guía para minimizar el impacto de los residuos en el medio ambiente:

- *Reducir* la producción de los objetos que sean susceptibles de convertirse en residuos. La reducción puede darse tanto en el consumo de bienes como de energía, puesto que debemos tener presente que la producción de energía genera desechos (nucleares, CO_2, etc.).

- *Reutilizar* los productos para poder concederles una segunda vida útil, sea con el mismo uso o con otro distinto. Pequeñas acciones cotidianas como utilizar las dos caras de una hoja de papel son importantes para consolidar los aspectos relacionados con la reutilización.

- *Reciclar* engloba el conjunto de acciones y procesos dirigidos a la recogida y el tratamiento de los residuos, para poder reintroducirlos en una nueva cadena de valor. Elementos cotidianos como botellas de vidrio o *tetrabrik,* o plásticos y metales que se funden para formar parte de nuevos productos, son ejemplos de procesos de reciclaje.

En logística directa, la rapidez en las entregas es un elemento crucial y un factor de ventaja competitiva relevante, que ha conferido a los operadores logísticos una incuestionable importancia en la cadena de suministro. Este hecho, sin embargo, es menos exigente en logística inversa y mucho menos determinante en el éxito de su gestión.

El coste y el mapa de costes en logística directa están claramente dibujados y monitorizados en la mayoría de las organizaciones, más todavía si cabe allí donde la crisis

Figura 11. Concepto de la logística inversa: conversión de gastos en ingresos.

económica desatada en 2008 ha exigido un concienzudo análisis de cada uno de los factores de gasto. Los costes inversos son bastante menos visibles y su contabilización requiere un sistema de gestión distinto. Los costes relacionados con la logística inversa se sitúan en muchas empresas en el «punto redondo» de las mermas, en el que no se les confiere la importancia que en realidad tienen y suelen pasar más desapercibidos.

La gestión de los inventarios dispone en la logística directa de unos modelos y automatismos de los que carece, en general, la logística inversa. Basta con pensar en la dificultad de homogeneización, estandarización e identificación de los productos una vez que han agotado su vida útil.

El ciclo de vida de un producto en la logística directa está gestionado y monitorizado en todas y cada una de sus etapas. Esa es la práctica común en todos los sectores de actividad. Sin embargo, cuando se trata de monitorizar el ciclo de vida de un producto que se halla en un flujo de logística inversa, el procedimiento se revela bastante más difícil de llevar a cabo. Como se ha mencionado, el estado de deterioro, la inexistencia de identificación y la falta de estandarización en cuanto a la forma, entre otros factores, hacen que el necesario análisis resulte notablemente más complejo y, por economía de medios, menos preciso.

Por último, las técnicas de mercadotecnia como elemento potenciador del producto en la cadena de suministro y en la puesta a disposición del mercado son, en la logística directa, un factor clave para su éxito comercial. Por el contrario, apenas se hace referencia a la relevancia de la logística inversa más allá de las campañas institucionales relacionadas con el medio ambiente.

Como se ha podido apreciar en este capítulo, las diferencias entre logística directa e inversa son mucho más precisas y significativas, en cuanto a su origen y sus estrategias de gestión, que la afirmación que algunos no iniciados en la materia manifiestan erróneamente en ocasiones: «la logística inversa es lo mismo que la directa, pero al revés».

Contrariamente a lo expresado en dicha afirmación, la logística inversa persigue convertir gastos en ingresos y ser un centro de beneficio para las organizaciones.

Capítulo 2

Análisis DAFO de la logística inversa

En cualquier organización, al plantearse la implementación de un sistema de logística inversa para la gestión de los retornos, las devoluciones o los llamados *productos fuera de uso*, surge entre otras muchas la pregunta: ¿cuánto costará poner en funcionamiento este sistema? Adicionalmente, dependiendo del producto, aparecen otras cuestiones relacionadas con la existencia de regulaciones legales emanadas de la Administración pública.

Antes de abordar esta cuestión, conviene realizar un breve análisis DAFO[3] de la logística inversa. En el esquema de la figura 12 se resumen las debilidades, amenazas, fortalezas y oportunidades de su implantación como sistema integrado.

En primer lugar, una empresa que se plantee una gestión adecuada de sus flujos de logística inversa debe orientar dicho análisis de manera interna a su propia organización para identificar las fortalezas y las debilidades que de ella se derivan.

Una fortaleza es sin duda el conocimiento fundamental *(know-how)* que posee la propia empresa sobre el producto en su final de vida, puesto que, como creadora de este, es quien puede determinar el grado de aprovechamiento más conveniente y diseñar el camino de la logística inversa más apropiado para maximizar el beneficio.

Un ejemplo totalmente implantado en el sector minorista de la moda son las tiendas de ahorro, del tipo *outlet,* sistemas que conocidas empresas utilizan para dar salida a productos o series que no han tenido el éxito deseado o que forman parte de devoluciones.

En el otro lado de la balanza del análisis interno, una empresa debe sopesar las debilidades, entendidas sobre todo como la incorporación de inversiones o costes derivados

---

[3] Siglas correspondientes a «debilidades, amenazas, fortalezas y oportunidades». Se trata de un método de análisis para determinar, en función del análisis interno (fortalezas y debilidades) y externo (amenazas y oportunidades), las ventajas competitivas de una organización en el marco de un mercado.

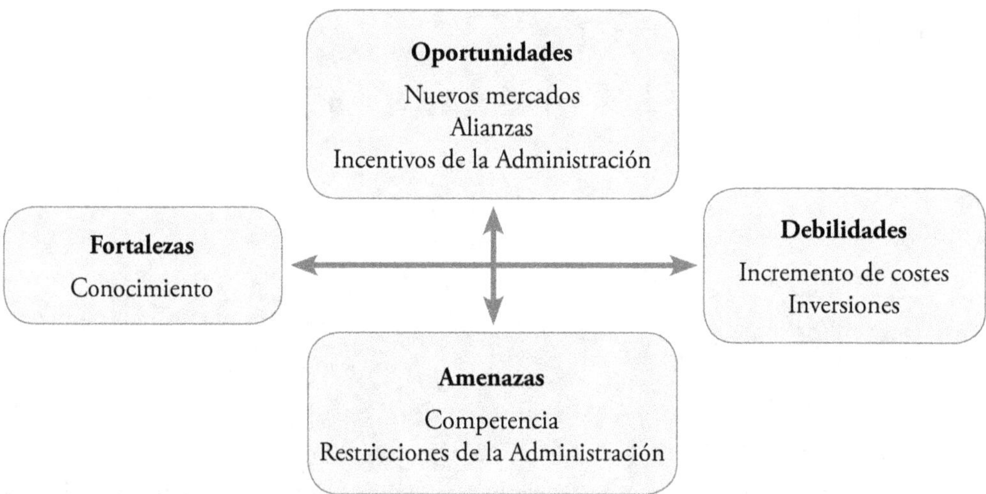

Figura 12. Análisis DAFO de la logística inversa.

de la decisión de implantar una gestión de logística inversa. La industria de termoformado e inyección de plásticos, por ejemplo, debe ponderar si para poder reciclar ella misma su merma de proceso o devoluciones se halla en la necesidad de invertir en un sistema de clasificación, triturado, homogeneizado, etc., que le permita incorporar la materia prima constitutiva del producto de plástico fabricado, y qué coste le supondrá.

Tras el análisis interno, para completar el posicionamiento y la estrategia definitivos, la empresa debe orientar su mirada hacia las oportunidades y las amenazas presentes en su entorno socioeconómico, la competencia en su sector de actividad y, en definitiva, lo que el mercado le puede deparar.

Las oportunidades para una empresa enmarcada en un sector económico y un mercado específicos pueden proceder de:

– Las ayudas e incentivos de la Administración pública, ya sea mediante organismos locales, regionales, estatales o internacionales.
– Las alianzas estratégicas que se puedan derivar de la implementación de la logística inversa con proveedores, clientes e incluso competidores en una optimización conjunta de cadenas de valor entre empresas.
– La posibilidad de abrir nuevos mercados para aquellos productos que han llegado a su final de vida pero que pueden constituir un excelente activo para segmentos y nichos de mercado específicos, como las mencionadas tiendas de ahorro en la industria textil, por ejemplo.

Un análisis DAFO de la logística inversa para una empresa que desee implementarla no está completo si no evalúa con rigor las amenazas que puedan surgir, y que pueden llegar desde la propia competencia. A ninguna dirección de empresa se le escapa que un modelo de gestión que funcione y que, por ejemplo, ahorre costes logísticos puede ser copiado y mejorado por un competidor.

También se pueden llegar a sentir como una amenaza las restricciones procedentes de la Administración pública, que pueden prohibir de forma expresa el aprovechamiento de algunos productos llegados a su final de vida o, según el caso, impedirlo si no se cumplen determinados requisitos. Es el caso, por ejemplo, de los envases alimentarios, afectados por reglamentaciones que prohíben o limitan en algunos casos su reutilización y reciclaje; y de los productos farmacéuticos, regidos por una reglamentación muy estricta sobre su aprovechamiento una vez llegados a su final de vida.

Razones para la aparición de la logística inversa

No hace demasiado tiempo que las empresas diseñaban y creaban sus productos ignorando el destino de estos una vez llegados a su final de vida útil, con la creencia de que con ello se cerraba su ciclo de vida. Los productos se diseñaban minimizando los costes de material, montaje, ensamblaje y distribución, pero su disposición final no estaba incluida en los escandallos estructurales de flujo del producto.

Además, la «conciencia social» de los consumidores sobre los impactos medioambientales de los productos en su final de vida estaba, por así decirlo, «dormida» o era inexistente. La progresiva concienciación social, las mayores cargas impositivas por parte de los organismos oficiales en cuanto al tratamiento de los residuos industriales y los mayores costes de muchos de los materiales, asociados en buena parte a su escasez, han conformado el caldo de cultivo para que las empresas comiencen a valorar que sus retornos, mermas y productos en su final de vida son lo bastante importantes como para dedicar mayor atención al diseño de los productos, al consumo de energía y de materias primas, a la cantidad y el tipo de materiales usados, etc., sin olvidar la emisión de sustancias contaminantes y, por supuesto, la generación final de residuos.

Con todo, las empresas han iniciado un proceso de posicionamiento estratégico que ha derivado y deriva hacia lo que Michael E. Porter (1982) denominó *ventaja competitiva.*

Detengámonos brevemente en este punto para resumir las técnicas para el análisis de los sectores industriales y de la competencia que Porter desarrolló en su libro *Estrategia competitiva,* y que constituyen un pilar fundamental en el análisis posicional de cualquier organización.

¿Qué es una ventaja competitiva?

Una empresa posee una ventaja competitiva cuando tiene alguna característica diferencial respecto de sus competidores, que le confiere la capacidad para alcanzar rendimientos superiores a los de estos de manera sostenible en el tiempo. La ventaja competitiva consiste en una o más características de la empresa, que puede manifestarse de muy diversas formas. Una ventaja competitiva puede derivarse tanto de una buena imagen corporativa como de una prestación adicional de un producto, de una ubicación privilegiada o, simplemente, de un precio más reducido.

Esta particularidad tiene que ser diferencial; es decir, debe ser única. En el momento en que la competencia la posee, deja de ser una ventaja. La ventaja competitiva otorga a la empresa una posición de monopolio parcial.

En resumen, una ventaja competitiva debe ser difícil de igualar, única, posible de mantener, netamente superior a la competencia y aplicable a variadas situaciones.

Existen tres tipos básicos de ventajas competitivas:

- *Liderazgo en costos.* Se basa en tener los costos más bajos del sector en el que se encuentra la organización, pero con la condición de que la calidad del producto sea similar o equivalente a la del producto de la competencia.
- *Diferenciación.* En este caso, una empresa tiene como misión ser única en su sector, utilizando y gestionando sus dimensiones, que son ampliamente valoradas por los compradores, y dedicándose a satisfacer estas necesidades.
- *Enfoque a nicho.* Esta ventaja tiene lugar cuando la empresa elige un mercado específico dentro de un sector determinado y centra su estrategia en ofrecer su producto o prestar sus servicios a estos determinados clientes y en excluir a otros; es decir, busca una ventaja competitiva en su segmento y no en todo el mercado.

La consecución de ventajas competitivas mediante la logística inversa depende en gran medida de cómo se recupere el valor que conservan los productos devueltos, por haber sido desechados por el consumidor o por estar fuera de uso. La recuperación de estos productos tiene como objetivo principal aprovechar este valor, obtener con ello una rentabilidad económica y, a su vez, conseguir ventajas competitivas sostenibles. Las actividades que se tuvieron en cuenta como opción de gestión, al tratarse de acciones encaminadas a recuperar valor, constituyen a la vez oportunidades para crear o mantener una estrategia competitiva.

Es imposible enmarcar la logística inversa dentro de una sola estrategia, ya que sus beneficios potenciales son mixtos; es decir, son positivos en más de un aspecto. Por un lado, se debe valorar su repercusión en los costos, puesto que el reciclaje en el propio proceso interno y el aprovechamiento del valor de los productos fuera de uso permiten reducir el coste total de los materiales empleados y aumentar el margen comercial. Por otro lado, lo que inicialmente es una ventaja competitiva en costos se transforma a largo plazo en una ventaja competitiva de diferenciación.

La búsqueda del aprovechamiento de las relaciones con el cliente y lo que este pueda proporcionar a la empresa mediante productos fuera de uso, porque sean desechados o no deseados, pueden constituir un objetivo importante en la estrategia de las organizaciones que pretenden diferenciarse. Una de las principales metas de una estrategia competitiva consiste en crear lazos tan fuertes con el cliente que a este le sea difícil o poco rentable emigrar hacia otro proveedor. La mejora del servicio al cliente es una de las razones para implementar una estrategia de logística inversa, y la gestión de devoluciones es una parte importante de este servicio. Si el consumidor, por ejemplo, presenta signos de disconformidad, es muy probable que, al ser atendido con el mayor respeto y recibir soluciones justas, se sienta mucho mejor con la empresa, incluso más que si hubiese obtenido un producto de calidad y nunca hubiese tenido que interactuar con el fabricante.

Diferenciación y fidelización

Una de las principales metas de una estrategia competitiva consiste en crear lazos tan fuertes con el cliente que a este le sea difícil o poco rentable emigrar hacia otro proveedor.

Finalmente, una vez definido el concepto de ventaja competitiva y tras un análisis de la logística inversa como ventaja competitiva en las organizaciones, se enumeran a continuación sus ventajas más significativas en las operaciones de las empresas:

- Menor incertidumbre en la recepción de productos fuera de uso.
- Posibilidad de reutilización de algunos materiales.
- Factibilidad de introducción por parte de la empresa en otros mercados.
- Incremento de la confianza del consumidor en el momento de decidir la compra.
- Incremento positivo de la imagen corporativa de la empresa por parte del cliente.
- Flujo de información adicional sobre el producto desde el punto de consumo hacia el fabricante.
- Disminución de desperdicios.
- Protección del medio ambiente.
- Cumplimiento con la Administración pública en cuanto a la legislación que regula la disposición de ciertos productos contaminantes.
- Obtención de ayudas o subvenciones de los gobiernos o entidades administrativas locales o nacionales por participar en proyectos que contribuyan a la mejora del medio ambiente mediante la recolección de desechos.
- Prevención de multas que pueden repercutir gravemente en los beneficios de la compañía.

Barreras a la logística inversa

Ahora bien, no todo es positivo. Existen dificultades al implementar la logística inversa, dado que se trata de un proceso complejo cuya ejecución depende en gran medida de la eficiencia en los procesos y actividades por parte de la empresa. Adicionalmente, hay ciertos factores externos que no favorecen la ejecución de un sistema como este. Entre ellos figuran los siguientes:

- Es necesario realizar estudios previos para conocer la factibilidad de llevar a cabo un proceso de logística inversa. La empresa debe estar involucrada a todos los niveles para poder coordinar la totalidad de las actividades relacionadas con el flujo inverso de la información y los productos. La logística inversa va más allá del simple manejo del producto; es más compleja.
- Las entradas de un proceso de logística inversa, dependiendo del tipo de industria y producto, pueden ser impredecibles a un determinado nivel. La cadena de suministro a la inversa supone agregar otras actividades que no forman parte de la cadena de suministro de la logística directa.
- Es importante tomar una decisión respecto a si la empresa realizará por sí misma el proceso de logística inversa o si, por el contrario, se contratará un operador logístico especializado, lo cual puede suponer un costo adicional.
- Dependiendo del tamaño, unas devoluciones son menos rentables que otras, aspecto cuyos costos también deben ser analizados. En algunos casos, resulta más económico fabricar productos no retornables. Al fin y al cabo, somos los contribuyentes quienes financiamos la gestión de los residuos mediante tasas impuestas por la Administración o mediante incrementos de precio en los nuevos productos, razón por la cual la economía también es un factor determinante en la aplicación de la logística inversa.
- Todavía hay muchas empresas que perciben todo lo relacionado con el medio ambiente como una amenaza, una rémora y, en definitiva, una carga, en lugar de ver en él una fuente de oportunidades. Por ello, en algunas empresas, cumplir objetivos relacionados con el medio ambiente resulta difícil de proponer y de llevar a buen término.

Todo lo anteriormente descrito se puede sintetizar en dos grandes apartados:

- Aspectos inherentes a la puesta en marcha de un servicio de logística inversa:

  - Legales.
  - De recursos financieros.
  - De capacitación profesional y cualificación.
  - De sensibilidad y determinación de la alta dirección de las empresas.
  - De la propia política de las empresas y de su interés efectivo.

- Aspectos determinados por la demanda del servicio:

  - Determinación del valor recuperado.
  - Variabilidad de la demanda y la oferta.
  - Beneficio económico final.

Los siete «pecados capitales» de la logística inversa

Considerando el punto de vista de la empresa productora de los bienes que, tarde o temprano, llegarán a la situación de final de vida útil o de producto fuera de uso por medio de alguno de los seis caminos de la logística inversa desarrollados en el capítulo 1, es importante analizar algunos errores típicos cometidos por muchas organizaciones, con el fin de reconducirlos y conseguir que los problemas se conviertan en oportunidades.

Los llamados *siete pecados capitales* de la logística inversa se pueden resumir así:

- Incapacidad para reconocer que la logística inversa puede ser una herramienta competitiva y que es posible crear ventajas con ella.
- Creencia de que, una vez vendidos y entregados los productos a los clientes y, finalmente, a los consumidores, la responsabilidad de la empresa productora desaparece.
- Falta de adaptación interna y externa de la organización de la empresa a los flujos derivados de la logística inversa.
- Convicción de la poca o escasa importancia de dedicar tiempo y recursos de la empresa a la logística inversa.
- Creencia de que los tiempos de ciclo –bucle logístico– de las devoluciones son mucho mayores y variables en comparación con los inherentes a la logística directa en cuanto a los productos vendidos.
- Convencimiento de que los «problemas» derivados de los productos que llegan mediante las devoluciones y los retornos se resolverán con el tiempo al ser absorbidos por la organización.
- Convicción de que las devoluciones, mermas de proceso, etc., no son en ningún caso un problema económico relevante y de que sus potenciales ingresos son poco significativos.

Una memoria interna que dé respuesta a estos siete pecados capitales de la logística inversa puede ayudar de manera significativa a que las empresas se planteen seriamente su posición ante ella. Una acción que ha de considerar las ventajas de la adecuada gestión de los flujos logísticos –directos e indirectos– para robustecer la competitividad y, en consecuencia, el posicionamiento en el sector al que se pertenece.

Procesos propios de la logística inversa

Dependiendo del tipo de producto y de empresa, e incluso de la forma de gestión de la cadena de suministro, a continuación se exponen las partes fundamentales de los procesos de la logística inversa:

- Interacción con el cliente/proveedor o consumidor.
- Transporte y ubicación.
- Recuperación del valor.

En el primer paso, encontramos la interacción con el cliente/proveedor o consumidor, que no es más que el inicio del proceso de logística inversa. Es aquí donde se realiza la localización de los llamados *productos fuera de uso,* que son objeto de recolección. En esta fase, la retroalimentación que se obtiene del consumidor o del cliente es primordial, dado que antes de recuperar el producto se debe conocer su tipología, la cantidad, si requiere condiciones especiales de transporte, etc.

La actividad de transporte es la siguiente fase en este proceso. Una vez ubicados, los productos fuera de uso o los desechos se trasladan a un centro de acopio donde son some-

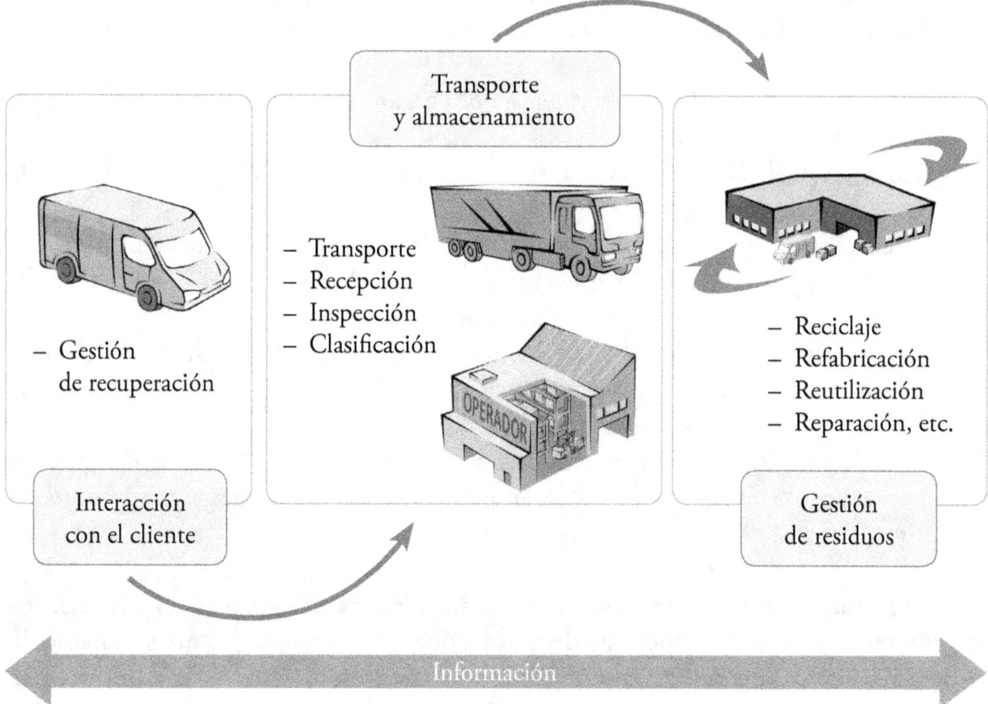

Figura 13. Flujo básico de logística inversa.

tidos a otras actividades o procesos, según el tipo de disposición que se haya elegido para la maximización de su valor. Es importante resaltar que el transporte, en la cadena logística, es una operación cuyo coste supera en muchos casos el 30 % de los costes globales, motivo por el cual se debe tener especial cuidado en su coordinación en lo que concierne a la frecuencia en la recogida del material, horarios, personal que interviene, etc.

Una vez efectuado el transporte, se realiza la recepción e inspección de los productos fuera de uso. Ambas actividades se pueden llevar a cabo al mismo tiempo en el punto final o en el centro de acopio, y, tal como ocurre en la logística directa, se trata de cotejar lo que llega al almacén con lo que se supone que se debía recibir.

Posteriormente, se procede a la clasificación, que tiene lugar en caso de que se trate de un centro de acopio y de que se procesen productos de una misma industria pero de distintas empresas, o de que sea la propia compañía la que se encargue de la logística inversa de los productos y estos tengan diferentes referencias que deban ser tratadas de manera distinta.

Finalmente, tiene lugar la propia gestión de los residuos, que constituye la parte más importante del proceso, ya que es en este punto donde se decide cómo se dispondrá de los residuos y donde, por tanto, se presenta la oportunidad de obtener un beneficio adicional para la empresa.

El rediseño de la logística inversa

El sistema de gestión de las devoluciones puede presentarse como un gran problema o como una oportunidad de incrementar la satisfacción de los clientes. Los factores que conducen a las organizaciones a rediseñar sus sistemas de devolución son variados, por ejemplo:

- Cambios en los modelos económicos.
- Las ventajas económicas de la organización con la reutilización.
- Protección del medio ambiente.
- Efectos en la rentabilidad del producto.

Con el paso del tiempo, estos factores se han hecho más patentes por causas muy diversas. Por un lado, la premisa de que lo único constante en la vida es el cambio también se aplica a las empresas, que han evidenciado ante la globalización de los mercados que las industrias deben ser lo suficientemente flexibles para adaptarse a los nuevos modelos económicos.

Por otra parte, la recuperación o reutilización de las devoluciones o de los productos en su final de vida repercute directamente en el beneficio de los consumidores de estos productos, ya que, si bien es necesaria una inversión para poner en marcha un sistema de logística inversa, el ahorro que supone aprovechar en diverso grado los productos influye en alguna medida en sus costes.

A la vez, el cuidado del medio ambiente es más que un simple acto de responsabilidad social por parte de empresas, consumidores y líderes mundiales; es una obligación imperativa la preocupación por el estado de nuestro planeta y sus recursos para el disfrute de las generaciones futuras.

La rentabilidad y el beneficio son fundamentales para una empresa, por lo que el ahorro significativo en sus operaciones, la máxima satisfacción de sus clientes y el cuidado de su imagen corporativa hacia la sociedad en general y los organismos estatales constituyen aspectos imprescindibles.

Las variables que pueden influir en la obtención de beneficios o pérdidas al implementar un plan de logística inversa obligan a realizar un estudio previo en cada caso, en el que se tengan en cuenta tanto la naturaleza de la empresa como las características del producto y de todos los factores que intervengan en la operación.

Actores económicos de la logística inversa

De la interrelación de los actores económicos que intervienen en los flujos de logística inversa se desprenden mayores o menores beneficios en las operaciones. La enumeración de estos actores incluye los siguientes:

- Consumidores finales.
- La Administración pública.
- Proveedores/recicladores.
- Distribuidores.
- Fabricantes o productores.
  - Aprovisionamiento y compras.
  - I+D y diseño.
  - Producción.
  - Logística.
  - *Marketing*, ventas y comercialización.
  - Finanzas.
  - Recursos humanos.
- Operadores logísticos.
- Sistemas integrados de gestión (SIG).

Consumidores finales

Los consumidores finales son actores relevantes en el flujo de la logística inversa, ya sea al separar los tipos de residuos dentro de la gama de residuos sólidos urbanos; al transportar los productos en su final de vida a los puntos limpios, puntos de distribución, centros autorizados de reparación y descontaminación, etc., o lo que tiene un impacto directo en las empresas y en los distribuidores de producto: al devolver el producto comprado o bien al entregar el usado en la adquisición de uno nuevo.

La función del consumidor final como clasificador de los residuos urbanos es esencial para el éxito colectivo de su aprovechamiento mediante operadores especializados. En cuanto a la participación de los consumidores en el transporte de los productos que han llegado al final de su vida útil hacia los centros de recogida, la mayoría de ellos locales, contribuye a que el coste del transporte capilar hacia estos sea sufragado por los propios consumidores, con el consecuente ahorro económico para el conjunto de la sociedad.

Otra función económica que realizan los consumidores son las devoluciones de producto hacia las empresas productoras o distribuidoras. Este aspecto es esencial en la estrategia de las empresas en cuanto al aprovechamiento de los productos devueltos, ya sea por reutilización, reparación o restauración, al tiempo que potencian la fidelización de los consumidores al ofrecer un servicio posventa organizado y vertebrado, que aporta un valor añadido imprescindible para que los clientes finales de las empresas fabricantes o distribuidoras se sientan destinatarios de un buen servicio.

La Administración pública

En este capítulo se ha tratado la importancia e implicación de las distintas administraciones del Estado y de la legislación emanada de otros organismos supranacionales, pero conviene no dejar de enfatizar la extraordinaria significación de los municipios en la puesta a disposición de puntos limpios y sistemas de recogida no solo para los productos posconsumo, sino en general para todos los productos que alcanzan su final de vida.

Un aspecto que también debe reflejarse en cuanto a la función económica que la Administración ejerce es su poder sancionador, que disuade a empresas y consumidores finales de prácticas contrarias a lo establecido por las leyes.

Proveedores/recicladores

Según el Diccionario de la Real Academia Española, un proveedor es la «persona o empresa que provee o abastece de todo lo necesario para un fin a grandes grupos, asociaciones, comunidades, etc.». Por consiguiente, a un reciclador se le puede aplicar el sentido de «proveedor» al vender a sus clientes finales los materiales reciclados.

Aparte de las exigencias legislativas mencionadas en este capítulo, a los proveedores/ recicladores se les aplican las exigencias técnicas y productivas de los clientes finales en la medida en que son estos los que adquieren los productos reciclados y los incorporan en su flujo operacional habitual (logística directa).

Como se ha señalado, el grado de interrelación entre estos dos actores es significativo, ya que la fidelización y la consiguiente diferenciación que los clientes finales buscan en sus productos vienen en buena medida facilitadas por sus proveedores/recicladores al actuar como suministradores de materia prima reciclada.

Distribuidores

Son aquellos actores de la cadena de suministro que se sitúan entre el fabricante de los productos y los consumidores finales.

En la logística inversa, los distribuidores actúan principalmente como puntos de recogida de devoluciones por parte de los consumidores, ya sea por merma, deterioro en fase de garantía u otras causas. En definitiva, los distribuidores son los encargados de la clasificación y, en algunos casos, del traslado de los productos en su final de vida hacia los eslabones «aguas arriba» de la cadena, es decir, a los productores o a los sistemas integrados de gestión. Ejemplo de ello es la logística inversa de aparatos de telefonía móvil, a cuya recolección y depósito están obligados los distribuidores, que separan las baterías, etc.

Fabricantes o productores

Las razones o motivaciones de los productores para desempeñar un papel importante en el desarrollo de la logística inversa son:

– Reglamentación y legislación.
– Nuevas y mejoradas oportunidades de negocio.
– Obtención de ventajas competitivas.
– Recuperación de valor y reducción de costes.
– Imagen corporativa y social.

Veamos a continuación cómo en las empresas fabricantes se pueden interrelacionar sus distintos departamentos, es decir, su estructura orgánica y funcional, para actuar de manera efectiva en la implementación de la logística inversa:

• **Aprovisionamiento y compras.** Se inicia con la prospección de los proveedores con los que se pueda comenzar una relación abierta y de cooperación, con la finalidad de que estos se integren en la cadena de suministro mediante su homologación. Para ello deben contar con la capacidad productiva y tecnológica suficiente de suministrar materias primas, componentes y materiales de envase y embalaje, por ejemplo, que no sean contaminantes o que sean respetuosos con el medio ambiente. Es posible que sus suministros incluyan materiales reciclados que, sin merma de las características técnicas necesarias, sean menos costosos o menos contaminantes.

- **I+D y diseño.** Su objetivo consiste en la reducción de materiales no renovables. En esta actividad se incluye el desarrollo de nuevos productos mediante la ingeniería de producto que promueva la utilización de elementos reciclados, así como el fomento de envases reciclables y reutilizables, y se conciencia sobre su recuperación para nuevos usos. En cuanto a la sustitución de materiales, la innovación y las nuevas necesidades en las organizaciones promueven ideas que aporten la utilización de materiales que beneficien al consumidor con productos más ligeros o con mayor desempeño que, a su vez, tengan un impacto menor en el medio ambiente.

- **Producción.** Dentro del cambio organizativo es necesario desarrollar y establecer políticas de reciclado, ya desde las oficinas, con el papel y los cartuchos de tinta de las impresoras, hasta el desarrollo de nuevas tecnologías para mejorar el aprovechamiento de materiales, por ejemplo.

- **Logística.** En la gestión de residuos, es necesario incorporar en la operativa de la empresa todas las opciones posibles para el tratamiento de los desechos o de los productos fuera de uso con el objetivo de recuperar valor. Es muy probable que sea necesario diferenciar orgánicamente los equipos humanos que trabajan en la logística directa de los que lo hacen en la logística inversa. La máxima que reza «los elementos de control condicionan las conductas» puede aplicarse aquí al existir el peligro de que, si no se definen y separan responsabilidades, las prioridades pueden ser motivo de confusión y de pérdida de eficiencia.

- *Marketing*, **ventas y comercialización.** Se puede obtener diferenciación al implementar un proceso de logística inversa. Las campañas publicitarias, la creación de valor para el cliente, los nuevos productos, etc., son aspectos que el área comercial puede implementar de forma efectiva para generar valor añadido.

- **Finanzas.** Debe plantearse cómo se miden el retorno de las inversiones y el control de ahorros, cómo se financian las acciones que se llevan a cabo y, lo más importante en esta área, qué variables económicas y no económicas se han de tener presentes para el adecuado balance de costes de oportunidad que cualquier acción de logística inversa posee.

- **Recursos humanos.** Cobran mayor significación la especialización y la motivación de las personas que puedan aportar valor técnico a la implementación de la logística inversa, al tiempo que fomentan el clima necesario y la predisposición de toda la organización.

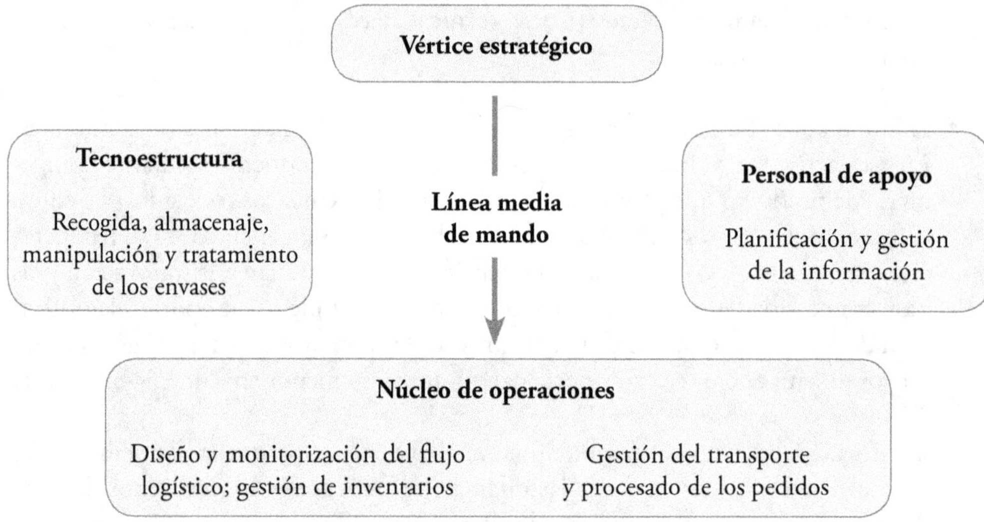

Figura 14. Esquema estructural de las organizaciones de H. Mintzberg.

Operadores logísticos

Los operadores logísticos en el ámbito de la logística inversa actúan ante todo como empresas; es decir, son actores económicos que buscan una rentabilidad, un beneficio, a sus actividades. Los hay de diverso tamaño y de ámbito más generalista o más especializado, pero todos tienen en común la aportación de valor en cuanto al aprovechamiento, la eliminación, el reciclaje, etc., de los productos en su final de vida o de los residuos *(scrap)* de los procesos industriales.

Henry Mintzberg, en su libro *La estructuración de las organizaciones* (1984), distingue cualquier organización sobre la base de sus distintos flujos y funciones: los flujos operacionales o funciones básicas y los flujos y las funciones de apoyo, ya provengan de elementos de personal o de la tecnoestructura. De acuerdo con dichos conceptos, los flujos y las funciones de un operador logístico se resumen en el esquema de la figura 14.

Dentro del núcleo de operaciones, los operadores logísticos desempeñan las funciones básicas de:

- Diseño y monitorización del flujo logístico.
- Gestión de los inventarios, devoluciones y residuos.
- Gestión del transporte.
- Procesado de los pedidos.

Dentro de las funciones de apoyo, vengan estas de la tecnoestructura (laboratorios, tecnologías de la información, etc.) o de las propias de los equipos de apoyo, conviene distinguir las siguientes:

– Almacenaje.
– Manipulación de productos.
– Gestión de envases y embalajes.
– Recogida.
– Planificación de entregas.
– Gestión de la información.

Sistemas integrados de gestión

Enmarcados en los sistemas colectivos de gestión de residuos y productos en su final de vida, los sistemas integrados de gestión (SIG) cumplen una función muy importante, tanto por la profundidad y el alcance de sus operaciones como por la diversidad de sectores económicos y productivos que alcanzan. Se trata de entidades sin ánimo de lucro que realizan todas las gestiones inherentes a los distintos sectores, respaldadas por las asociaciones y actores económicos de cada sector y, en último término, por la Administración pública.

El productor asociado a un determinado SIG, según el sector de actividad o gama de producto en el que opere, abona una cantidad de dinero para que su producto sea convenientemente separado y reciclado, por el propio SIG o por recicladores especializados, para su reutilización y, llegado el caso, eliminación una vez que dicho producto ha alcanzado su final de vida.

En España, por sectores de actividad, operan los SIG que se detallan en la tabla 2.

Sectores de actividad	*SIG*
Envases y embalajes	Ecoembes
Pilas y baterías	Ecopilas
Productos de vidrio	Ecovidrio
Productos fitosanitarios	Sigfito
Productos farmacéuticos	Sigre
Vehículos fuera de uso	CARD
Aceites industriales	Sigaus
Aparatos eléctricos y electrónicos	Ecotic Ecolec
Aparatos ofimáticos, ordenadores, consumibles, etc.	Ecofimática

Tabla 2. Sistemas integrados de gestión que operan en España, por sector de actividad.

En síntesis, los principales beneficios de participar en un SIG para cualquier productor o actor económico de la logística inversa se enumeran a continuación:

- Delegación de responsabilidades a los SIG.
- Despreocupación por la logística de retorno.
- Obtención de beneficios económicos al ser los costes de gestión de los residuos más económicos en general que los realizados internamente por el productor.
- Exención de protocolos documentales extensos a la Administración pública sobre su gestión de residuos, dado que esta ha sido delegada.
- Posible participación en los nuevos mercados de materiales recuperados que se puedan crear de forma ordenada por los SIG.

Capítulo 3

Gestión de la cadena de suministro inversa

Es frecuente la pregunta de si la logística, tanto la directa como la inversa, no es más que una sucesión de «buenas prácticas» que, al acumular éxito en su aplicación, han ido creando una tendencia y, hasta cierto punto, una moda, y cuya modelización debe inexorablemente nutrirse de los conceptos de investigación operativa dentro del área de las operaciones. En el pasado reciente, faltaba un modelo global que se amparase en la teoría económica, en la ciencia social a la que se refería Peter F. Drucker en su libro *The Practice of Management* (1954), en el que ideó el concepto de *management* y, por extensión, de *manager,* que diferenciaba claramente de lo que hasta entonces se conocía como *factores de la empresa,* es decir, capital y trabajo *(capital and labor).*

Pues bien, ese concepto o principio económico vino dado a mediados del siglo xx por John Forbes Nash (premio Nobel de Economía en 1994), y coincidió aproximadamente en el tiempo y en el lugar (Estados Unidos) con la concepción del *management* por Peter F. Drucker. Tal noción es conocida hoy en su aplicación a la logística como *gestión de la cadena de suministro (supply chain management).*

Llegados a este punto, conviene definir los principios fundamentales en los que se basa dicho concepto:

- Principio filosófico.
- Principio económico.

El principio filosófico puede extraerse de los clásicos del pensamiento occidental, pero se considera acertada para un concepto de gestión empresarial *(management)* la referencia a la antigua filosofía china de la época de los Reinos Combatientes (siglos iv-v a. de C.), según la cual:

> El conocer al otro y conocerse a uno mismo significa que no haya pérdidas en cien batallas. No conocer al otro y conocerse a uno mismo significa victoria por derrota.

No conocer al otro y no conocerse a uno mismo significa que cada batalla será una derrota segura.

El arte de la guerra (Sun-tzu, China, 500 a. de C.)

El conocimiento nos protege del peligro. El general *(manager)* debe conocerse tanto a sí mismo como a su adversario, así como las condiciones en las que la batalla puede tener lugar. Esto requiere capacidad para penetrar en todos y cada uno de los aspectos que ofrece el mundo. La victoria se produce solo cuando se toma la totalidad, e incluye en una visión única tanto a uno mismo como al otro.

En síntesis práctica para nuestro tiempo, este principio se describe como:

– Conocimiento de uno mismo.
– Conocimiento de los proveedores.
– Conocimiento de los clientes.

Como se apuntaba al inicio de este capítulo, es el segundo principio, el económico, el que ha cambiado nuestra visión e implicación sobre la gestión que la cadena de suministro posee hoy en día.

La teoría económica clásica del capitalismo manifiesta, en referencia a un sistema económico (y la logística inversa lo es), que:

Un sistema económico alcanza su máxima eficiencia cuando cada uno de los elementos que la integran alcanzan a su vez la máxima eficiencia por ellos mismos.

La riqueza de las naciones (Adam Smith, Escocia, 1780)

Ahondando en este concepto clásico, a finales del siglo xx apareció una adaptación a la logística muy extendida entonces y casi totalmente aceptada en el siglo xxi:

Si dentro de la cadena de suministro, para una mayor eficiencia nuestra, instamos a nuestros proveedores inmediatos a que sean más eficientes y estos, a su vez, hacen lo propio con sus proveedores, toda la cadena alcanzará la máxima eficiencia.

José Ignacio López de Arriourtúa (España, 1990)

Lo anteriormente expresado es cierto, mas incompleto. La siguiente aportación de John Forbes Nash permitió perfeccionarlo:

Un sistema económico alcanza su máximo grado de eficiencia cuando las partes que lo componen lo buscan para ellas, al tiempo que lo hacen para el conjunto de las partes que lo forman.

John F. Nash, premio Nobel de Economía en 1994 (Estados Unidos)

Esa es la clave: la colaboración. Veamos un sencillo y muy popular caso en el que se explica de forma gráfica este principio de teoría económica, conocido como *el dilema del prisionero:*

Dos delincuentes son detenidos y encerrados en celdas de aislamiento de manera que no pueden comunicarse. Se sospecha que han participado en el robo de un banco, pero no hay pruebas incriminatorias determinantes para el caso.

Solo se puede probar posesión de armas a ambos –delito menor penalizado con seis meses de arresto–. Se les ofrece la posibilidad, a cada uno por separado, de confesar, delatar al compañero y salir libre. Si el compañero no confiesa, ya que las pruebas incriminatorias serían las de él como testigo de cargo, el compañero será sancionado con diez años de cárcel (la pena máxima). Si los dos confiesan el robo, esta será reducida a seis años para cada uno.

Para resolver el caso que se plantea en cuanto a los intereses del sistema económico (el tiempo en la cárcel equivale a dinero) que forman ambos prisioneros, veamos cómo afectan sus posibles decisiones como un todo, un conjunto o sistema económico. Para

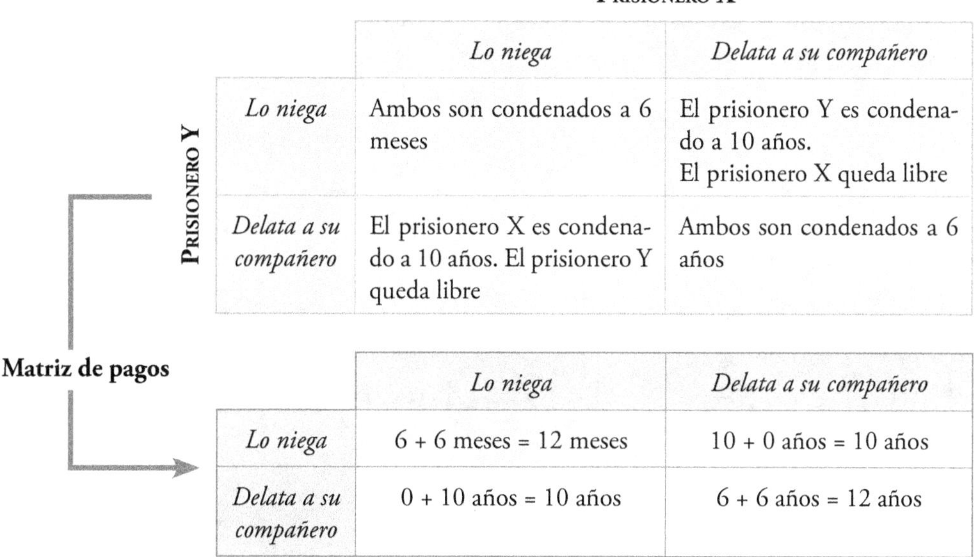

Figura 15. Matriz de pagos del dilema del prisionero.

ello construiremos una matriz de pagos, que en economía se usa para aplicar valores cuantificables (números) a decisiones.

En este sencillo caso, resulta evidente que, en el sistema económico de los dos prisioneros, su mejor opción es la colaboración, que en este supuesto consiste en negar su participación en todo momento y en «colaborar» ambos con independencia de las posibles ventajas individuales que el contexto (la policía, en este caso) les puede brindar. Pero también es notorio que la peor opción de las cuatro posibles es la de no colaboración, ya que les correspondería un total de doce años de prisión.

Cuántas veces hemos sido testigos de posicionamientos empresariales entre clientes y proveedores, entre operadores logísticos y sus clientes, por ejemplo, de no cesión en las posiciones; de no colaboración; de tratar cada uno de sacar el máximo partido del otro, sin importar las consecuencias más allá del beneficio particular e inmediato. Pues bien, la posición no colaborativa es la más ineficiente: supone una pena total de doce años.

En resumen, la gestión de la cadena de abastecimiento se basa en dos principios coincidentes en tiempo y lugar: conocimiento y colaboración.

En la práctica de la logística, ¿cómo se manifiestan tales principios?, ¿qué elemento diferenciador del modelo clásico interviene para que el conocimiento y la colaboración resulten operativos en el conjunto del tejido empresarial?

El concepto clave es la extensión de la cadena de suministro entre una organización determinada –elemento central– y sus clientes y proveedores. En el ámbito de la logística inversa, dicha extensión se desplaza desde una posición central (como la del operador logístico o el reciclador especializado) hacia los extremos de clientes y proveedores, que comparten información e intervienen en la estructura organizativa de su gestión de los flujos logísticos para beneficio de todos.

Seguidamente se detalla esta afirmación a partir del esquema de la figura 16.

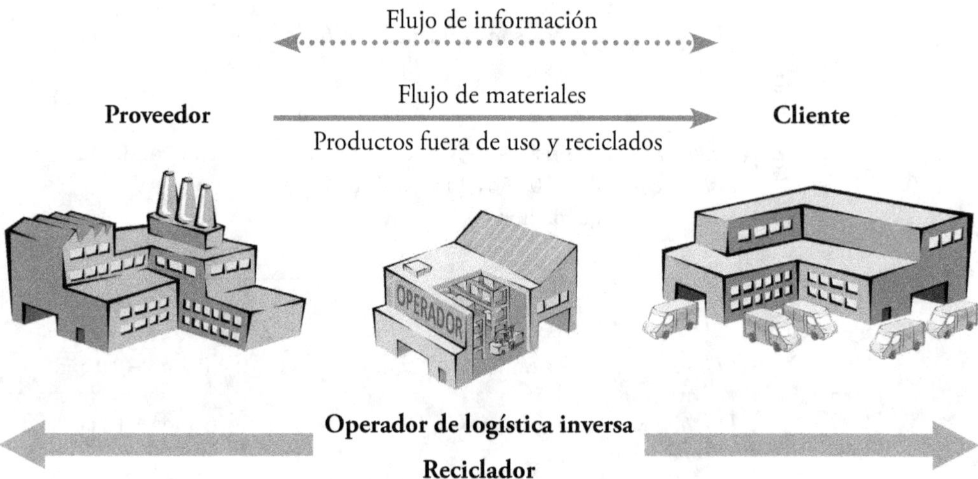

Figura 16. Concepto de «extensión de la cadena de suministro» en la logística inversa.

Como se observa, tres son los actores económicos de la logística inversa, coincidentes todos ellos en la búsqueda de la maximización del valor y, por tanto, del beneficio económico de su actividad. No son entidades sin ánimo de lucro u organismos semioficiales.

En este caso, la visión central de la cadena de suministro se sitúa en el operador de logística inversa/reciclador:

- Cliente.
- Proveedor.
- Operador de logística inversa/reciclador.

Cliente

Demanda al operador de logística inversa materiales reciclados que incorporará como materia prima en sus procesos productivos, con el fin de introducir en el flujo normal de la logística directa de su proceso de fabricación dichos productos, los cuales se habrán fabricado con material reciclado en su totalidad o parcialmente.

Proveedor

Ofrece los productos en su final de vida útil, las mermas de proceso o residuos, las devoluciones no reparables, etc., al operador logístico para que este los procese, los recupere y, por último, los sitúe de nuevo como materia prima en la cadena de suministro de la logística directa.

Operador de logística inversa/reciclador

Es la figura central de este proceso, ya que adquiere por una contraprestación económica los productos en su final de vida útil, los residuos, etc., al proveedor para procesarlos dentro de sus flujos operativos como reciclador y volverlos a situar como nueva materia prima que pondrá a disposición de sus clientes.

Veamos los flujos de materiales, de información y económicos que el operador de logística inversa/reciclador realiza, aplicando el concepto de extensión de la cadena de suministro:

- **Flujos de materiales.** Son adquiridos al proveedor, por lo que dispone de un equipamiento logístico en las instalaciones de este para su clasificación y preselección, al tiempo que cuenta con una red de transporte para retirarlos según las indicaciones o el plan acordado. Una vez que han sido trasladados a las instalaciones del operador de logística inversa/reciclador, los materiales sufren el oportuno proceso de transformación en nuevas materias primas recicladas que finalmente son puestas a disposición de los clientes.

- **Flujos de información.** Es necesario recibirla de:

  - El proveedor respecto de sus planes de fabricación, arranques y acciones especiales de mantenimiento (generadoras de residuos), así como de los sistemas de control de existencias (lote fijo, periódico, por volumen ocupado, etc.), al objeto de transmitir las oportunas instrucciones a la red de transportes (propios o subcontratados, según el caso) para su retirada y traslado a las instalaciones del operador.
  - Los clientes respecto de la demanda prevista de nuevas materias primas recicladas, que formará parte de la gestión de su aprovisionamiento y que deberá estar en permanente coordinación con la disponibilidad y puesta a disposición del operador logístico.

- **Flujos económicos.** El operador logístico paga al proveedor una cantidad económica por los productos que retira de sus instalaciones sobre la base de unos acuerdos de fijación de precios, y cobra a sus clientes el oportuno valor añadido de las nuevas materias primas recicladas, que son el objeto de su negocio.

Para una mayor interrelación entre los tres actores (proveedores, clientes y operadores de logística inversa/recicladores), en muchos sectores de actividad ocurre que el proveedor y el cliente son la misma empresa. Es decir, la empresa que actúa como proveedora valora sus productos en final de vida útil, residuos de procesos, etc., como elementos de venta y, por tanto, de ingresos económicos; al tiempo que, como cliente, compra al operador de logística inversa/reciclador la nueva materia prima convenientemente reciclada y tratada para incorporarla en sus entradas de materiales, abonando un precio por ella.

Llegados a este punto, estamos en condiciones de definir de forma precisa, según los antecedentes ya comentados, lo que se entiende por «gestión de la cadena de suministro inversa»:

> Los procesos de negocio, las personas, los flujos de información y las infraestructuras logísticas que permiten la extensión de toda la cadena de suministro desde un proveedor de productos en el final de su vida útil o residuos a un cliente de materia prima reciclada; proceso que se lleva a cabo en su totalidad mediante un operador de logística inversa/reciclador con el objetivo de maximizar el beneficio de todo el proceso en sí.

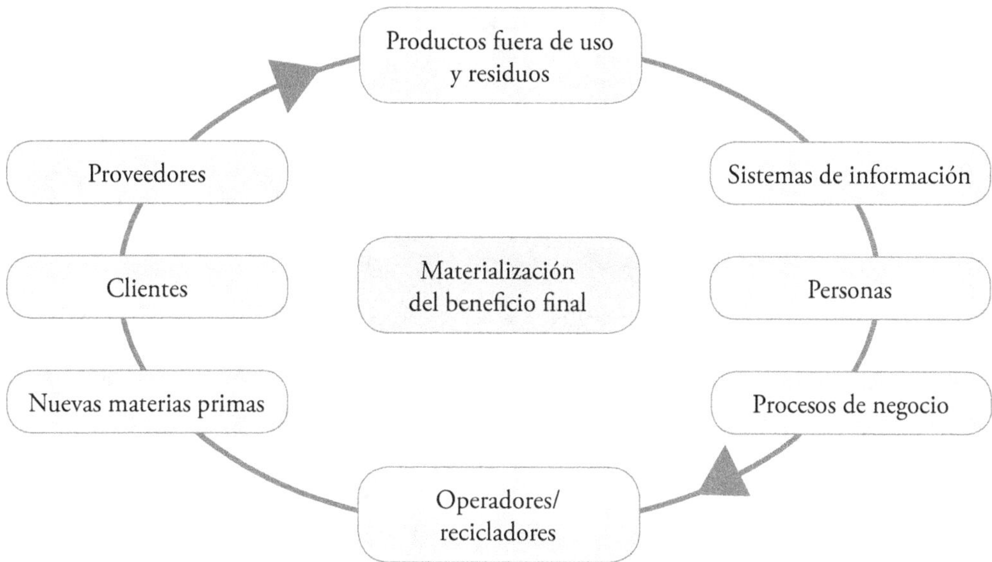

Figura 17. Ciclo de vida de un producto. Maximización del beneficio.

Logística inversa y cadenas de valor

En la actualidad, la competencia ya no tiene lugar entre empresas, sino entre cadenas de empresas que confeccionan planes de negocio conjunto. La eficiencia en el servicio y la rapidez depende de la velocidad de toda la cadena, y esta viene determinada por el eslabón más lento. Por ello resulta fundamental, en la evaluación del resultado de la cadena, conocer qué acciones dentro de esta añaden verdadero valor y cuáles no.

A continuación se desarrolla cómo la logística inversa puede y debe ser un eslabón más dentro de las distintas cadenas de valor y cuál es el beneficio que puede aportarles.

¿Qué razones justifican la aparición de las cadenas de valor?

Las características y razones más importantes para que las cadenas de valor constituyan los más activos y competitivos agentes económicos en un mundo globalizado e interrelacionado son:

- Ciclos de vida de los productos cada vez más cortos.
- Necesidades de compartir conocimiento. Complementariedad.
- Obligatoriedad de reducción drástica de costes.
- Exigencias cada vez mayores por parte de los clientes y, sobre todo, de los consumidores.
- Velocidad de puesta a disposición cada vez más exigente.

- Deslocalizaciones geográficas y existencias globales.
- Aprovechamiento de ventajas competitivas localizadas internacionalmente; clústeres.

¿De qué herramienta de gestión se han dotado las cadenas de valor para conseguir su éxito?

El planeamiento colaborativo, de pronóstico y de reabastecimiento, también conocido como CPFR por sus siglas en inglés *(collaborative planning, forecasting, and replenishment),* se fundamenta en que los integrantes de la cadena de suministro establecen un plan de negocio conjunto en el que ya no compiten empresas, sino cadenas, con el objetivo de que el destinatario final consuma o utilice el producto proporcionado por estas. En consecuencia, la empresa deja de ser un ente individual y se convierte en miembro de una cadena, y su éxito o fracaso depende en mayor medida del éxito o fracaso de las cadenas a las que pertenece.

Por tanto, la decisión de mayor valor estratégico en esta situación consiste en buscar la mejor alianza o, en otras palabras, en decidir en qué cadena es mejor integrarse.

¿Cuáles son los factores determinantes?

- Planificación consensuada y compartida con tiempos de reacción secuenciados y coordinados.
- Existencias mínimas necesarias comunes a todos los miembros de la cadena.
- Delegación de acciones y responsabilidades en función del grado de conocimiento de los distintos integrantes de la cadena.

Aspectos básicos del CPFR

- Desarrollo de un acuerdo colaboración.
- Creación de un plan de negocio conjunto (aspecto clave).
- Creación de un plan para las fuerzas de venta.
- Creación de un pronóstico de presupuesto.
- Identificación de excepciones en las previsiones del presupuesto.
- Resolución y colaboración en ítems excepcionales.
- Generación de información transaccional conjunta.

Para ello se debe formalizar el establecimiento de alianzas estratégicas internacionales por sectores económicos y procesos clave, en las que ya no basta la optimización de un proceso logístico determinado (distribución, compras, producción, aprovisionamiento, etc.), sino que se requiere la optimización de la totalidad de los flujos de las operaciones, así como el enfoque internacional, aprovechando nichos de especialización y valor añadido, en los que la transparencia y el tiempo de acceso a la información son vitales.

Enfoques adaptativos de cadenas

- Enfoque de coste.
- Enfoque de servicio.
- Enfoque de innovación.

Ya no es válida la visión autárquica, ni siquiera la nacional: se trata, más que nunca, de un mito.

La logística inversa mediante los operadores o recicladores se debe integrar en los eslabones pertinentes en las distintas cadenas de valor, según la especialización o la tipología del producto, para aprovechar el valor añadido de cada uno de los eslabones en cuanto al adecuado tratamiento de:

- *Reparaciones* de productos en cualquier eslabón de la cadena.
- *Reutilizaciones,* logística de los servicios posventa.
- *Restauraciones,* dependiendo de la fase del producto de la cadena.
- *Remanufactura* de determinados productos de la cadena.
- *Reciclado,* para volver a producir materia prima.
- *Eliminación* de los residuos definitivamente no aprovechables.

Es importante, por tanto, que las alianzas estratégicas incluyan a los operadores de logística inversa/recicladores como un eslabón más, ya que para lograr el máximo grado de eficiencia competitiva no se pueden obviar la adecuada gestión y el aprovechamiento de valor de los flujos inversos en los productos en su final de vida, residuos, etc.

Capítulo 4

Logística inversa y reciclaje por sectores

Envases y embalajes

Los envases y embalajes conforman un sector de actividad especialmente significativo, tanto por el volumen que representan en los flujos de la logística inversa como por su indudable relevancia como referente histórico en la gestión de sus residuos, con lo que marcan sin la menor duda los demás sectores en cuanto a la gestión física y, sobre todo, al amparo legislativo. Las características más relevantes de este sector son las siguientes:

- *Facilidad de identificación.* Los residuos o las mermas de proceso y los desechos de envases y embalajes, de plástico o de cartón, presentan, a diferencia de otros productos, una notable facilidad en cuanto a su identificación, ya sea por el tipo de material (plástico o cartón) o por el relativamente pequeño tamaño, forma e incluso color, que los hace visibles, seleccionables, transportables y gestionables finalmente de manera fácil.

Figura 18. Palé de madera, bidones de metal y modelos de jerricán de plástico.

*Figura 19. Símbolos utilizados para identificar los puntos verdes o limpios
en México, la Unión Europea y Argentina.*

– *Reciclado.* Este aspecto es de una importancia determinante en cuanto a la relativa facilidad que poseen los envases y embalajes, según su material constitutivo, tras un proceso de reciclaje, para volver a ser parte constituyente como nueva materia prima en los procesos de fabricación de estos (inyección, extrusión, laminado, etc.).

– *Retorno y reutilización.* Posibilidad de que, dentro de los seis caminos de la logística inversa, se vuelvan a constituir de forma rápida y relativamente económica en nuevos envases o embalajes para su nueva incorporación en el flujo logístico.

– *Concentración.* Se realiza por tipos de materiales constituyentes de los envases y embalajes, que de forma mayoritaria son los plásticos y el cartón.

En Europa, a principios de la década de 1990, la legislación comunitaria sobre los envases y sus residuos, basada en las iniciativas reguladoras anteriores de Países Bajos y Francia, enmarcaba legalmente la responsabilidad última de la empresa productora del envase o bien de su distribuidora en relación con las acciones relacionadas con su recogida una vez usado. Todo ello llevó a la creación del denominado *punto verde,* un símbolo que da fe en cada envase o embalaje de que la productora ha sufragado económicamente las acciones pertinentes para que dicho envase o embalaje sea adecuadamente tratado por empresas de reciclaje debidamente autorizadas.

Actualmente, este mecanismo, totalmente implementado en los países de la Unión Europea y demás estados con los que comparten frontera, es ya una realidad tanto en el territorio comunitario como en muchos otros países del mundo, entre los que figuran la mayoría de los estados latinoamericanos.

En síntesis, el esquema de funcionamiento de este sistema se recoge en la figura 20.

España ha transpuesto la Directiva 94/62/CE en la Ley 11/97, de 24 de abril, sobre envases y sus residuos. La citada ley tiene como universo de afectación todos los envases, ya sean de uso doméstico, industrial o comercial.

En España, al amparo de la Ley 11/97 se creó en 1998 Ecoembes, SIG de referencia que en sus primeros trece años de existencia pasó de las 130.000 t recuperadas en 1998 a más de 1.200.000 en 2010, y alcanzó la adhesión de más de doce mil empresas.

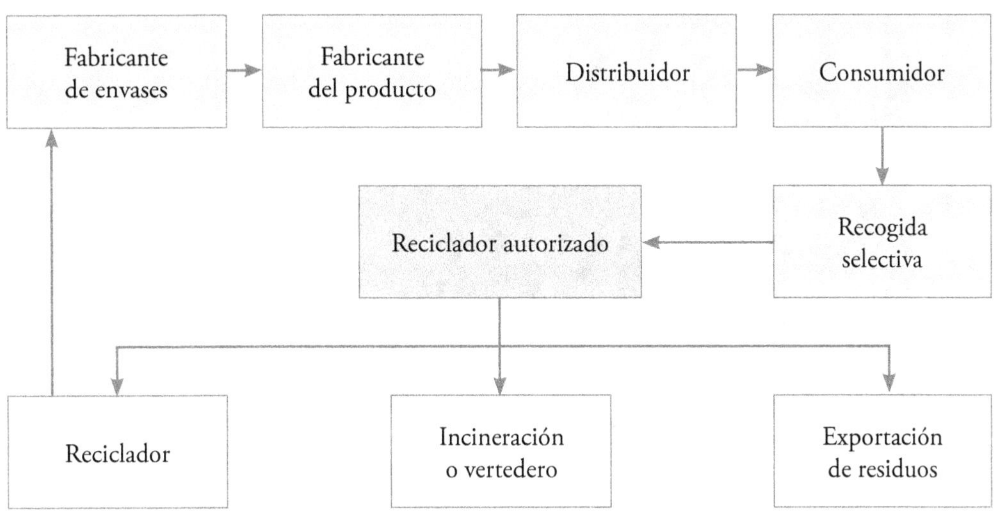

Figura 20. Esquema de funcionamiento de una empresa recicladora autorizada.

Ecoembes, como sociedad sin ánimo de lucro, invierte todo lo que ingresa mediante el punto verde y por venta de material en la recuperación de envases para su posterior reciclaje.

La tabla 3 resume los principales materiales que constituyen la mayoría de los envases y embalajes.

Especial mención merece el reciclaje de envases y embalajes de madera. Su flujo logístico se muestra en la figura 22.

PLÁSTICO, PAPEL, CARTÓN, MADERA Y METAL (LATAS)

Toneladas de residuos por tipo de material	*Composición (%)*	*t*
Envases de plástico	14,4	325.000
Envases de papel y cartón	28,9	650.000
Envases metálicos (latas)	11,3	255.000
Envases de vidrio	18,7	420.000
Palés y envases de madera	24,4	550.000
Otros varios	2,2	50.000
Total de los materiales	100	2.250.000

Tabla 3. Reciclado de envases y embalajes en España (2010).

Figura 21. Palés de madera usados como embalaje de transporte.

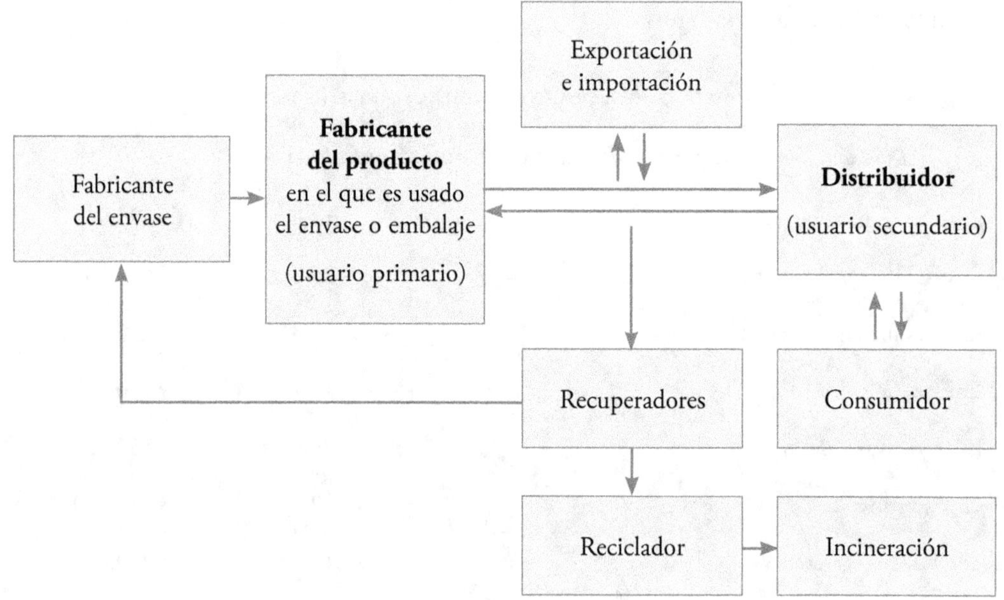

Figura 22. Ciclo de vida de la recuperación de envases y embalajes de madera.

Vehículos fuera de uso

El número de vehículos que se dan de baja o llegan al final de su vida útil es cada vez mayor. Estos vehículos fuera de uso se convierten en residuos, considerados peligrosos, y así están catalogados en todos los países donde existe una legislación medioambiental. Un problema medioambiental derivado de este tipo de residuo es la contaminación de los suelos de los emplazamientos de almacenamiento y desguace que con frecuencia se ubican junto a las carreteras, donde se pueden observar pilas de coches amontonados. Estos sitios están obligados a acondicionar el terreno para hacerlo impermeable y evitar su posible contaminación.

Resulta evidente que la complejidad y la diversidad de los materiales que constituyen un vehículo deben tratarse con procedimientos específicos, que aseguren su no peligrosidad y el aprovechamiento adecuado de la totalidad de sus componentes de forma separada, entre ellos:

- Recambios.
- Metales férricos y no férricos (fragmentadoras).
- Plásticos.
- Neumáticos.
- Baterías.
- Aceites y fluidos operacionales.

Figura 23. Los establecimientos de almacenamiento y desguace de vehículos son con frecuencia motivo de contaminación del suelo.

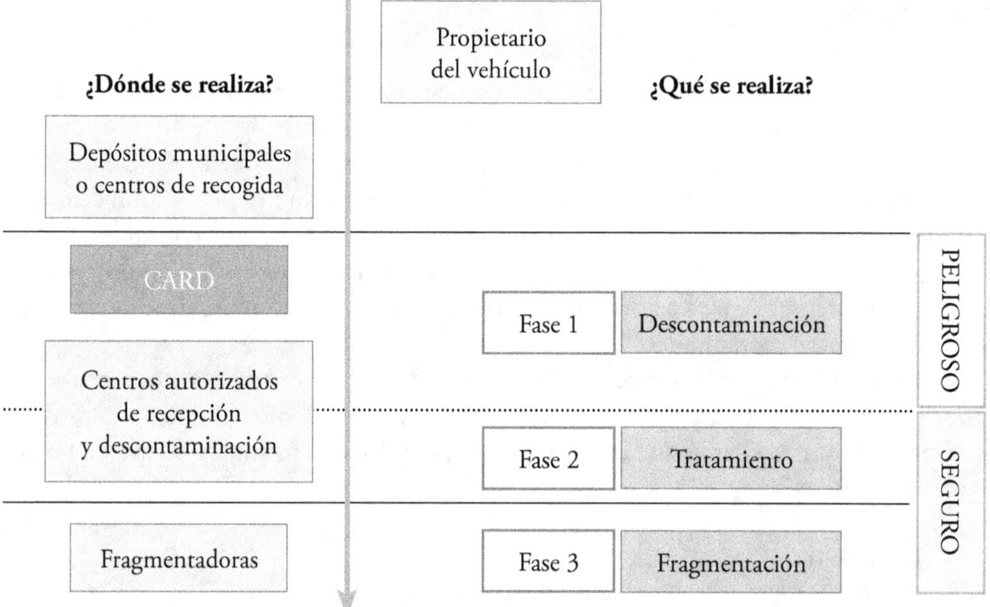

Figura 24. Esquema de funcionamiento de los centros autorizados de recepción y descontaminación.

Los centros autorizados de recepción y descontaminación (CARD) son los responsables de la descontaminación del vehículo mediante la separación y el reciclado de los componentes considerados residuos peligrosos.

El esquema de la figura 24 resume el camino de la logística inversa que recorre un vehículo, incluido el tratamiento que debe seguir un vehículo fuera de uso para su correcta gestión y tratamiento.

En la fase de tratamiento, después de la separación de los diferentes componentes del vehículo, se procede a la compactación. El siguiente paso consiste en vender el vehículo compactado a una fragmentadora para que lo triture hasta lograr una chatarra que pueda resultar útil a las empresas de fundición de metales, que en muchos casos los utilizan para fabricar componentes metálicos de nuevos vehículos, como base o porcentaje de mezcla en hornos eléctricos para la fabricación de piezas de hierro nodular, etc.

Un vehículo en el final de su vida útil puede separarse en diferentes componentes, los cuales pueden ser reciclados, reutilizados o valorizados. En los siguientes apartados se ofrece un resumen de los distintos caminos que pueden seguir dichos componentes.

Recambios

El vehículo fuera de uso entra en la cadena cuando llega al desguace, donde se recuperan algunos componentes del automóvil. Allí se extraen las partes que todavía mantienen un valor de mercado positivo: los recambios. El valor de los recambios de segunda mano depende de la edad del vehículo; es mayor cuanto más nuevo sea este. Por ello, los vehículos que quedan fuera de uso tras un accidente son los más preciados por los desguazadores, con la ventaja adicional de que las piezas del motor y del chasis tienen un alto grado de reutilización.

El origen de la chatarra o las chatarras del automóvil presenta tres fuentes diferenciadas:

- Vehículos dados de baja por obsolescencia.
- Vehículos dados de baja por accidentes.
- Vehículos abandonados.

Se estima que alrededor del 22 % del peso total del vehículo puede ser recuperado como recambio, aunque en algunos países, como Alemania y Austria, se han alcanzado porcentajes mayores.

Metales férricos y no férricos (fragmentadoras)

La chatarra de hierro de alta calidad es muy apreciada por la siderurgia de horno de arco eléctrico. En la década de 1970, el hierro constituía alrededor del 70 % del vehículo, por lo que las tasas de reciclaje eran muy altas. Con posterioridad, la creciente carrera de la tecnología en el sector del automóvil ha hecho aumentar la presencia de los materiales no férricos, especialmente del aluminio (material que más ha aumentado proporcionalmente). En la década de 2010, la tasa de recuperación del aluminio contenido en los vehículos es cercana al 100 %, y dos tercios del aluminio utilizado para la fabricación de los automóviles provienen de la fusión secundaria de este material.

El resultado de la fragmentación es, en síntesis, el siguiente:

- Hierro que se vende a las acerías de horno de arco eléctrico.
- Fracción ligera, que contiene plásticos, fibras textiles, goma, etc., utilizada como combustible secundario en vertederos o cementeras.
- Fracción pesada, que contiene metales no férricos mezclados con residuos del tipo de la fracción ligera que no han sido separados por la aspiración en la fragmentadora.

Existen fragmentadoras en las que, al carecer de separadores de metales no férricos, el aluminio y otros metales contenidos en esta fracción se separan por corrientes de Foucault del resto de los materiales ligeros, utilizando medios densos que permiten obtener aluminio limpio y venderlo directamente a la fundición secundaria del aluminio.

Plásticos

En la década de 1970, los automóviles estaban constituidos en un 80 % de metal. Dos décadas más tarde, esa proporción disminuyó hasta el 69 % y se duplicó la presencia de los plásticos. Este aumento de la utilización del plástico en los vehículos permite una disminución en el peso, lo que implica un menor consumo de combustible por kilómetro y un abaratamiento de los costes de fabricación. Algunos fabricantes están investigando cómo optimizar el reciclaje de la «nueva chatarra de plástico» que aparece durante la fabricación de componentes y piezas del automóvil. La búsqueda de un vehículo más fácilmente desmontable y la reducción en el número de polímeros utilizados aumentará el uso de los plásticos procedentes de estos residuos en su propio proceso de logística inversa, al constituir nuevas materias primas para piezas y componentes.

Neumáticos, baterías y aceites y fluidos operacionales

Los neumáticos de los vehículos fuera de uso representan solo el 12 % del total de los neumáticos usados. Una de las consecuencias de su separación durante la etapa de descontaminación supone una reducción en el contenido de goma del residuo de fragmentación del automóvil y una ligera disminución del peso del vehículo. Los neumáticos fuera de uso empezaron a tratarse de forma controlada en ciertos países al prohibirse verterlos.

Especial mención merece el uso cada vez mayor del reciclaje de dichos neumáticos en su transformación industrial en calzado, así como en la mezcla con determinados conglomerados de asfalto que, al incorporarlos en una proporción concreta, consiguen reducir el impacto acústico de los vehículos en las calles y carreteras.

La batería del vehículo representa el 1,4 % de su peso y su extracción selectiva supone la eliminación de elementos contaminantes, como el ácido y el plomo de los residuos de fragmentación, y la recuperación de este último metal, así como del plástico, muy apreciado por los recicladores especializados.

La recuperación de los fluidos operacionales, principalmente el aceite del cárter, refrigerante, líquido de frenos, líquido limpiaparabrisas y combustible residual, representan un elemento clave en la descontaminación del vehículo que redunda en una chatarra más limpia para las acerías y en unos residuos de fragmentación del automóvil cuyo tratamiento resulta menos problemático.

La cuestión económica está muy presente en los CARD, puesto que deben dotarse de instalaciones adecuadas para almacenar residuos peligrosos (recipientes, distancia entre residuos, acondicionamiento del lugar de almacenamiento, etc.). En el tratamiento y la gestión de estos residuos aparece la figura del gestor autorizado, según sea el caso.

Residuos de construcción y demolición

Los residuos de construcción y demolición, también llamados *residuos inertes* y conocidos habitualmente como *escombros,* varían según se trate de obras de nueva construcción, de reforma o de demolición. También dependen de la actividad para la que se ha diseñado el edificio, así como de la zona donde se haya realizado la obra y la edad de esta, ya que los materiales, una vez utilizados, sufren variaciones importantes en el tiempo. Se trata de residuos constituidos básicamente por tierras y áridos mezclados, piedras, restos de hormigón, ladrillos, cristales, restos de pavimentos asfálticos, materiales refractarios, plásticos, yesos y maderas. La generación de estos residuos ha aumentado como consecuencia del crecimiento urbanístico, y su mala gestión crea un grave problema a nuestro entorno que se recrudece gradualmente y provoca un considerable impacto ambiental. En algunos países no se recicla ni el 2 % y se vierte con escaso control casi todo el resto.

En España, el Plan Nacional de Residuos de Construcción y Demolición (PNRCD) del período 2001-2006 fijó las actuaciones y reglamentaciones que derivaron en el RD 105/2008 de 1 de febrero, por el que se regula la producción y la gestión de los residuos de construcción y demolición. En su preámbulo se hace mención expresa del artículo 45 de la Constitución española, en el que se señala el derecho de todos los ciudadanos al disfrute de un medio ambiente adecuado al desarrollo de la persona.

El reciclaje de los residuos de construcción y demolición supone un beneficio ambiental importante, ya que se traduce en un ahorro en la extracción de recursos naturales y en la disminución de residuos depositados en el vertedero. De manera esquemática, el proceso que se ha de seguir en una planta de tratamiento de estos residuos es el siguiente:

- Recepción del material bruto.
- Separación de residuos orgánicos o tóxicos y peligrosos, y envío de estos a un vertedero o a gestores autorizados, respectivamente.
- Acopio y reutilización de tierras de excavación aptas para su uso.
- Separación de maderas, plásticos, cartones y metales férricos para su reciclado.
- Tratamiento del material apto para el reciclado y su clasificación.
- Reutilización del material reciclado (áridos y restauraciones paisajísticas).
- Eliminación de los residuos inertes tratados no aptos para el reciclado y sobrantes del reciclado no utilizado.

Envases de productos fitosanitarios

Son recipientes de cartón y papel, metal y plástico de diferentes tipos que han estado en contacto directo con productos fitosanitarios.

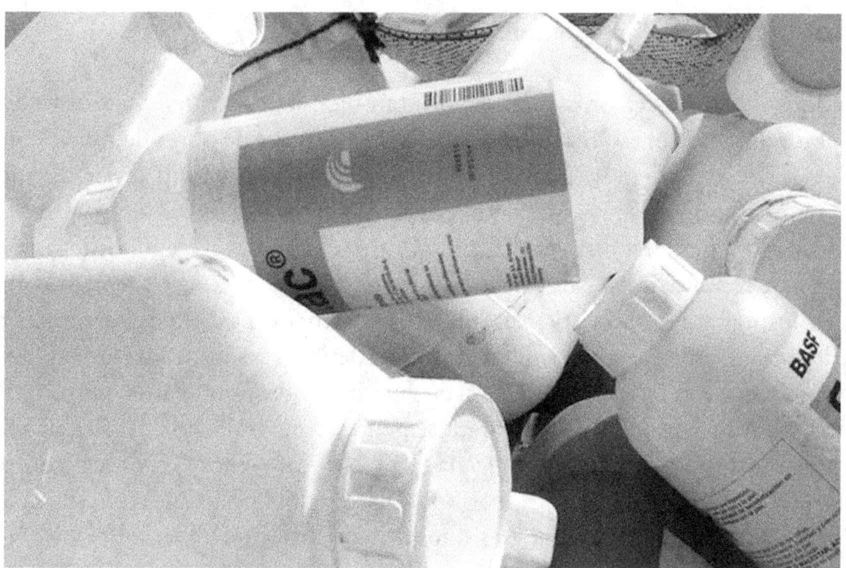

Figura 25. Envases de residuos fitosanitarios en un vertedero incontrolado.

Los residuos fitosanitarios son residuos peligrosos, de igual modo que los envases que los han contenido. Teniendo en cuenta esta consideración, el agricultor, por ejemplo, es productor de residuos de envases fitosanitarios porque en su actividad genera estos residuos. En algunos países, la ley que regula el tratamiento de residuos establece que los poseedores de residuos están obligados, siempre que no procedan a gestionarlos por sí mismos, a entregarlos a un gestor autorizado para su valorización o eliminación, o a participar en un acuerdo voluntario o convenio de colaboración que comprenda estas operaciones.

En la actualidad, la concienciación medioambiental y el progreso legislativo, por medio de la creación de organismos responsables y la aplicación de rigurosas medidas sancionadoras, han propiciado un franco retroceso de los vertederos incontrolados en muchos países. En el caso de los productos fitosanitarios, la adecuada gestión de estos residuos ha permitido eliminar de forma drástica la contaminación, entre otras, de los acuíferos.

Medicamentos y productos farmacéuticos

Los medicamentos son residuos domésticos especiales, y algunos compuestos farmacéuticos incluso se consideran residuos peligrosos. Además, continuamente se introducen en el mercado nuevas sustancias cuyos efectos a medio o largo plazo se desconocen. Por esta razón, los medicamentos, independientemente de que hayan o no caducado, no deben desecharse junto con los residuos sólidos urbanos o en el desagüe. Tampoco debe procederse de este modo con sus envases, en los que posiblemente queden restos del producto que pueden terminar mezclándose con el vidrio, el cartón o el plástico que separamos para reciclar.

En el entorno farmacéutico se desarrolla una logística inversa para los productos caducados o en estado de deterioro. Cuando una farmacia detecta productos farmacéuticos caducados en su mercancía almacenada, los separa de las existencias para la venta y los devuelve al mayorista al que los compró o bien al propio laboratorio farmacéutico. Si los retorna al mayorista, este procede a devolverlos al laboratorio al que los ha comprado junto con los productos caducados que haya detectado en sus propios almacenes. Esta devolución del mayorista se puede enviar a las instalaciones del propio laboratorio o bien a un operador logístico acordado que esté autorizado para esta labor por el organismo responsable de la Administración pública en materia de sanidad y el tratamiento de envases y embalajes.

Una vez que el laboratorio o el almacén autorizado recibe esta devolución, verifica que el tipo de medicamento y la cantidad indicada en el albarán de devolución coinciden con lo entregado físicamente, en especial para todos aquellos productos psicótropos, estupefacientes, etc., cuyo control esté regulado. A continuación se procede a registrar dicha devolución y a almacenar el producto hasta gestionar su destrucción mediante una empresa autorizada que emitirá el certificado de destrucción correspondiente, en especial para los productos de control regulado.

En algunos países existe, además, un sistema de gestión de residuos para medicamentos implantado mediante entidades gestoras sin ánimo de lucro a las que los laboratorios que están suscritos deben abonar una cuota que los autoriza a imprimir su símbolo en los envases de los medicamentos. Mediante este sistema integral se implica a los pacientes, quienes, al detectar productos caducados, en mal estado o que no utilicen, pueden depositarlos en contenedores diseñados especialmente para esta función. Estos contenedores son colocados por representantes de las entidades gestoras en las farmacias, y su contenido es periódicamente recogido por su personal para proceder posteriormente a su destrucción controlada.

Mediante las entidades responsables de los sistemas integrados de gestión de residuos y envases, los residuos de medicamentos son clasificados para su posterior envío a gestores autorizados de residuos, que se encargan de realizar el tratamiento final de estos. Con objeto de garantizar el control y la seguridad de todas las fases de este proceso, además del control ejercido por las autoridades medioambientales y sanitarias al tramitar los permisos, al recabar información o al realizar inspecciones, las entidades gestoras deben establecer una serie de controles directos sobre los distintos agentes que participan en el sistema para garantizar su adecuado funcionamiento: auditorías, aplicación de instrucciones técnicas, protocolos de seguridad, trazabilidad del residuo, etc.; todo ello con arreglo a los requisitos de las normas ISO 9001:2008 sobre sistemas de gestión de la calidad y ISO 14001:2004 para sistemas de gestión ambiental, y a la especificación OHSAS 18001:2007 de seguridad y salud laboral.

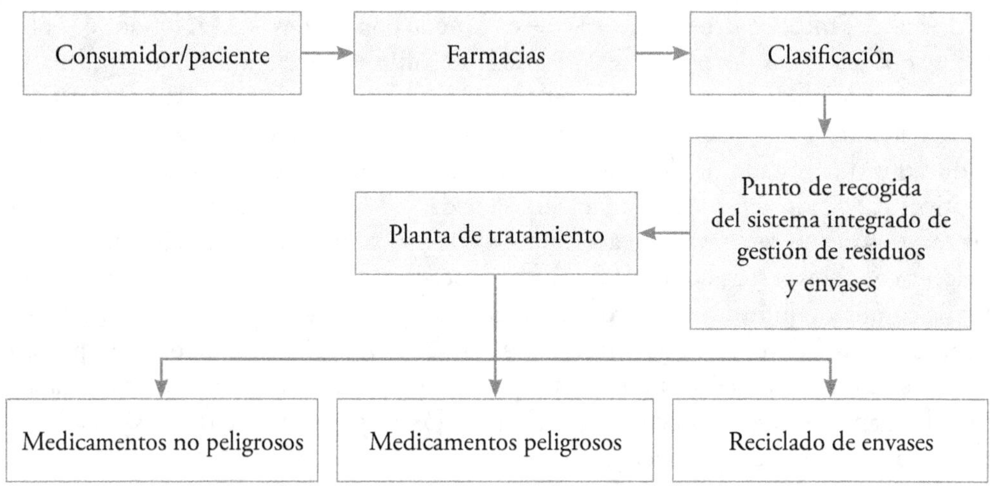

Figura 26. Flujo de logística inversa de los medicamentos y productos farmacéuticos.

El flujo de logística inversa de los medicamentos y productos farmacéuticos se representa en la figura 26.

Aparatos eléctricos y electrónicos

La masiva proliferación de equipos electrónicos ha tenido lugar sin que se desarrollasen al mismo ritmo las estrategias de actuación sobre los residuos que se generan cuando los aparatos quedan anticuados o se convierten en simple chatarra. El resultado son montañas de basura tóxica que degrada el medio ambiente y la salud pública. Por todo ello, los organismos responsables buscan establecer legislaciones para tratar estos residuos y, en aplicación del principio «quien contamina paga», obligar a los productores a asumir los costes de gestión de los residuos generados por el producto o aparato eléctrico o electrónico (AEE), que puede ser externalizada. Si el fabricante está obligado a asumir estos costes al final de ciclo de vida del producto, esto le obliga a replantearse la etapa de diseño con el fin de adaptarla a los requisitos de gestión de residuos y, de este modo, reducir dichos costes.

El ciclo de reciclado de los residuos de aparatos eléctricos y electrónicos (RAEE) se detalla de forma esquemática en la figura 27.

Los componentes de algunos residuos provenientes de aparatos eléctricos y electrónicos tienen un gran impacto medioambiental. Entre ellos, conviene destacar:

– *Aparatos de línea blanca.* Son aquellos aparatos eléctricos y electrónicos de grandes dimensiones, en muchos casos situados en los hogares dentro de la cocina (frigoríficos, lavadoras, etc.), así como los equipos de aire acondicionado. Estos aparatos contienen en algunos casos gases de efecto invernadero o que perjudican la capa de ozono de la estratosfera terrestre (CFC y HCFC), así como aceites.

– *Aparatos de línea marrón.* Incluyen los televisores, equipos de sonido, etc. Estos aparatos contienen metales pesados, como fósforo y plomo.
– *Aparatos de línea gris (informática).* Poseen componentes como pilas y baterías, además de ciertos metales pesados, que deben ser tratados adecuadamente.

De manera general, los RAEE se inscriben en las siguientes categorías:

– Grandes electrodomésticos.
– Pequeños electrodomésticos.
– Equipos de informática y telecomunicaciones.
– Aparatos electrónicos de consumo.
– Aparatos de alumbrado.
– Herramientas eléctricas y electrónicas.
– Juguetes y equipos deportivos.
– Aparatos médicos.
– Instrumentos de vigilancia y control.
– Máquinas expendedoras.

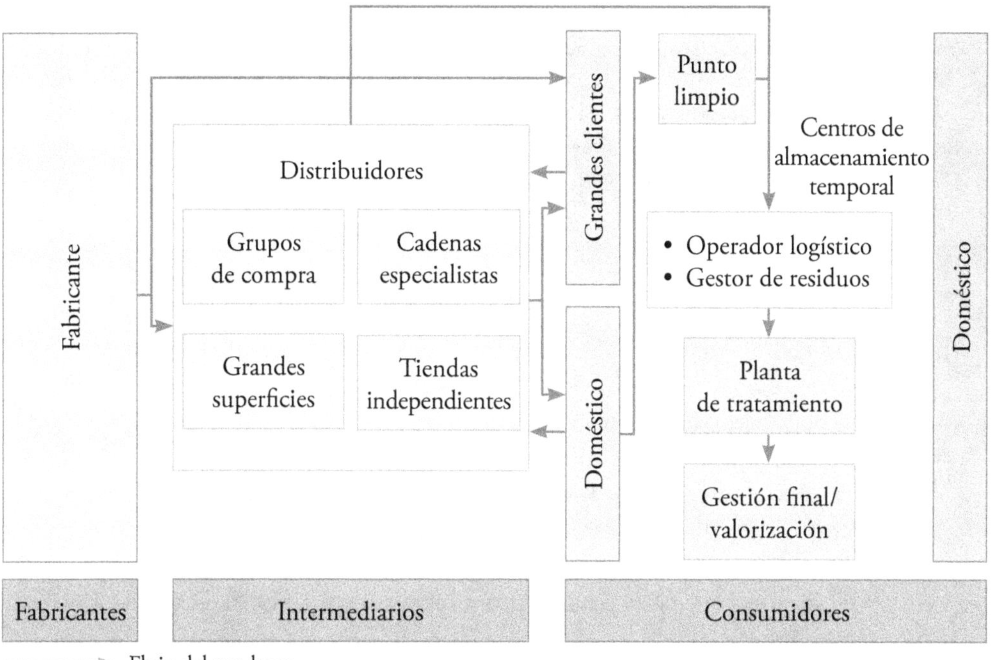

Figura 27. Ciclo de reciclado de los residuos de aparatos eléctricos y electrónicos.

El reciclaje de los residuos de aparatos eléctricos y electrónicos en Europa

La Directiva de Residuos de Aparatos Eléctricos y Electrónicos, también conocida como WEEE (en inglés, *waste electrical and electronic equipment)*, 2002/96/CE, es una norma en vigor desde el 13 de agosto de 2005 en el ámbito de la Unión Europea. Esta directiva tiene por objeto el reciclaje, la reutilización y la recuperación de dichos residuos para reducir su potencial contaminante, y se fundamenta en los siguientes objetivos:

– Prevención de la generación de residuos de aparatos eléctricos y electrónicos (RAEE).
– Reciclaje y eliminación de sustancias peligrosas.
– Exigencia de responsabilidades y obligaciones en defensa del medio ambiente y la salud pública.
– Implicación de agentes y operadores: empresas productoras, distribuidoras, administraciones públicas y personas usuarias en general.
– Imposición de registro y sanciones.

En este ámbito, la legislación comunitaria ha significado un impulso en el aprovechamiento y el desarrollo de algunos sistemas integrados de gestión (SIG), que a su amparo han conseguido que cada vez más empresas fabricantes e instaladoras, administraciones regionales y locales y, en definitiva, los propios consumidores sean conscientes de que la recuperación y el tratamiento adecuado de los RAEE proporcionan una ventaja competitiva para todos sus integrantes.

Esta directiva se ve complementada por la 2002/95/CE, sobre restricciones a la utilización de determinadas sustancias peligrosas en aparatos eléctricos y electrónicos, también conocida como RoHS (en inglés, *restriction of hazardous substances),* en la etapa inicial del diseño de los aparatos. Al ser objetivo de la RoHS la reducción de las sustancias peligrosas usadas en la fabricación, mediante su aplicación disminuyen los riesgos del tratamiento de los residuos, con lo que se requieren menos precauciones en su manipulación.

Las sustancias derivadas de los RAEE potencialmente peligrosas se clasifican en:

– Gases CFC de impacto directo en la capa de ozono.
– Metales pesados (bario, cadmio, plomo, mercurio, vanadio, etc.).
– Materiales pirorretardantes (bromo, aleaciones específicas y plásticos especiales).
– Productos potencialmente cancerígenos (PCB).

Para poder dar un adecuado tratamiento a los distintos tipos de RAEE se efectúan cuatro procesos de reciclaje:

1. Desmontaje y separación manual de los componentes de los equipos.

2. Reciclaje mecánico, consistente en la extracción y trituración de materiales para su correcta separación mediante corrientes magnéticas y de Foucault, entre otras.
3. Trituración fina para la recuperación de metales como cobre, aluminio y hierro, y de plásticos. Valorización de materias primas.
4. Reciclaje químico de metales preciosos de las placas de circuitos.

Los distintos tipos de materiales recuperados tras el proceso de reciclaje reciben la denominación de *fracciones de salida,* convertidas en materiales que se pueden reutilizar en una nueva cadena de valor.

En la tabla 4 se pueden apreciar, a título orientativo, los porcentajes de fracciones de salida según la tipología de los aparatos eléctricos y electrónicos.

Especial mención requieren los denominados *residuos tóxicos* (bario, berilio y compuestos bromados), que exigen un tratamiento de descontaminación separado y específico a partir del cual se puede proceder a su fragmentación por tipologías de materias. En este sentido, resulta especialmente significativa la recuperación del vidrio, al ser este material el que se encuentra en mayor porcentaje.

Los electrodomésticos de la denominada *línea blanca* se subdividen en tres categorías básicas:

— Productos de la gama de frío (frigoríficos, congeladores y equipos de aire acondicionado).
— Lavadoras.
— Resto de los productos de línea blanca.

La problemática más acusada y evidente entre los productos de línea blanca, con respecto a los de las líneas marrón y gris, es su volumen. En general, el tamaño de los electrodomésticos determina que los RAEE crezcan tres veces más rápido que el promedio de residuos sólidos urbanos. A este aumento en la producción de residuos

Aparato	Férrico	No férrico	Plástico	Vidrio	Gas	PUR	Aceite	Frac. org.	Frac. inorg.	Reutiliz.	Eliminac.
TV/monitores	11%	6%	14%	51%							18%
Frigoríficos	49%	5%	18%	1%	1%	11%	0%				15%
Ap. climat.	66%	22%	6%		2%		1%				3%
Resto RAEE	11%	45%	27%	0,3%				0,1%	0,1%	0,3%	17%

Tabla 4. Porcentajes de fracciones de salida en los residuos de aparatos eléctricos y electrónicos.

se suma que en su composición se encuentran determinados compuestos peligrosos, como ciertos metales pesados (mercurio, plomo, cadmio y cromo), algunas sustancias halogenadas (clorofluorocarburos [CFC]), bifenilos policlorados (PCB), policloruro de vinilo (PVC) y retardadores de llama o materiales ignífugos como el amianto y el arsénico.

La totalidad de estos aparatos eléctricos y electrónicos es sometida a un proceso de descontaminación en el que se retiran los componentes potencialmente peligrosos. Este tipo de tratamiento solo se puede llevar a cabo mediante empresas gestoras de residuos peligrosos. Dicha descontaminación puede realizarse, en función del componente que se haya de separar y de la técnica que se emplee, antes o después del desmantelamiento de los aparatos. El principal uso que se da a los aparatos eléctricos y electrónicos que llegan al final de su vida útil es la recuperación y el reciclaje de las materias que pueden reutilizarse como materias primas secundarias. Entre ellas destacan algunos metales (cobre, aluminio y hierro), vidrio, plásticos, etc.

Gestión de los residuos de aparatos eléctricos y electrónicos

La gestión de los RAEE suelen llevarla a cabo organizaciones privadas de naturaleza fundacional, sin ánimo de lucro, promovidas por las principales empresas fabricantes,

Figura 28. Pantallas de computador en su final de vida.

Figura 29. Productos de línea blanca en su final de vida.

importadoras y distribuidoras del sector de la electrónica de consumo, que gestionan los residuos de sus empresas adheridas mediante su propio sistema integrado de gestión.[4]

Dichas organizaciones trabajan en favor de la defensa del medio ambiente y el desarrollo sostenible mediante la sensibilización y la formación de los fabricantes, distribuidores y usuarios de aparatos eléctricos y electrónicos, con el fin de cumplir con las obligaciones que establece la legislación que regula la recogida y el reciclaje de los aparatos eléctricos y electrónicos en el final de su vida útil.

La misión de estos SIG consiste no solo en que los residuos que generen sus adheridos tras el uso de estos aparatos se reciclen convenientemente, sino también en que este proceso se lleve a cabo de la forma más eficaz y económicamente razonable para conseguir que el sistema sea sostenible desde un punto de vista ambiental y económico, de manera que se garantice su perdurabilidad en el tiempo.

---

[4] Son ejemplos de estas entidades la Fundación Ecotic, en España (www.ecotic.es), y Recicla Electrónicos México (Remsa) (www.reciclaelectronicos.com).

Figura 30. Diversos tipos y formatos de contenedores para la recogida de residuos de aparatos eléctricos y electrónicos.

Para la consecución de dicha misión, las entidades responsables de la gestión de los RAEE trabajan en las siguientes líneas de actividad:

- Establecimiento, desarrollo y gestión de sistemas de recogida, tratamiento y control de los RAEE al final de su vida útil.
- Realización de estudios e investigaciones sobre la logística inversa que concierne a los RAEE.
- Divulgación a toda la sociedad de la información sobre recogida, tratamiento y control de los RAEE.
- Difusión de la cultura del desarrollo sostenible en el ámbito de los equipos y aparatos eléctricos y electrónicos.

Estos residuos pueden tener muy diversas procedencias y necesidades específicas en su proceso de reciclaje. Habitualmente, los materiales se recogen en los puntos limpios municipales y de distribución, y son transportados hasta los almacenes habilitados al efecto por distintas empresas (centros de almacenamiento de carga). Después se trasladan hasta los centros de reciclaje dependiendo de las necesidades específicas de tratamiento de cada tipo de residuo.

Para ello, las entidades gestoras suscriben convenios de colaboración para la recogida de RAEE con:

– Entidades locales.
– Administraciones regionales.
– Empresas distribuidoras.
– Empresas instaladoras.
– Profesionales del sector.

En la figura 31 se detalla el flujograma logístico básico del proceso.

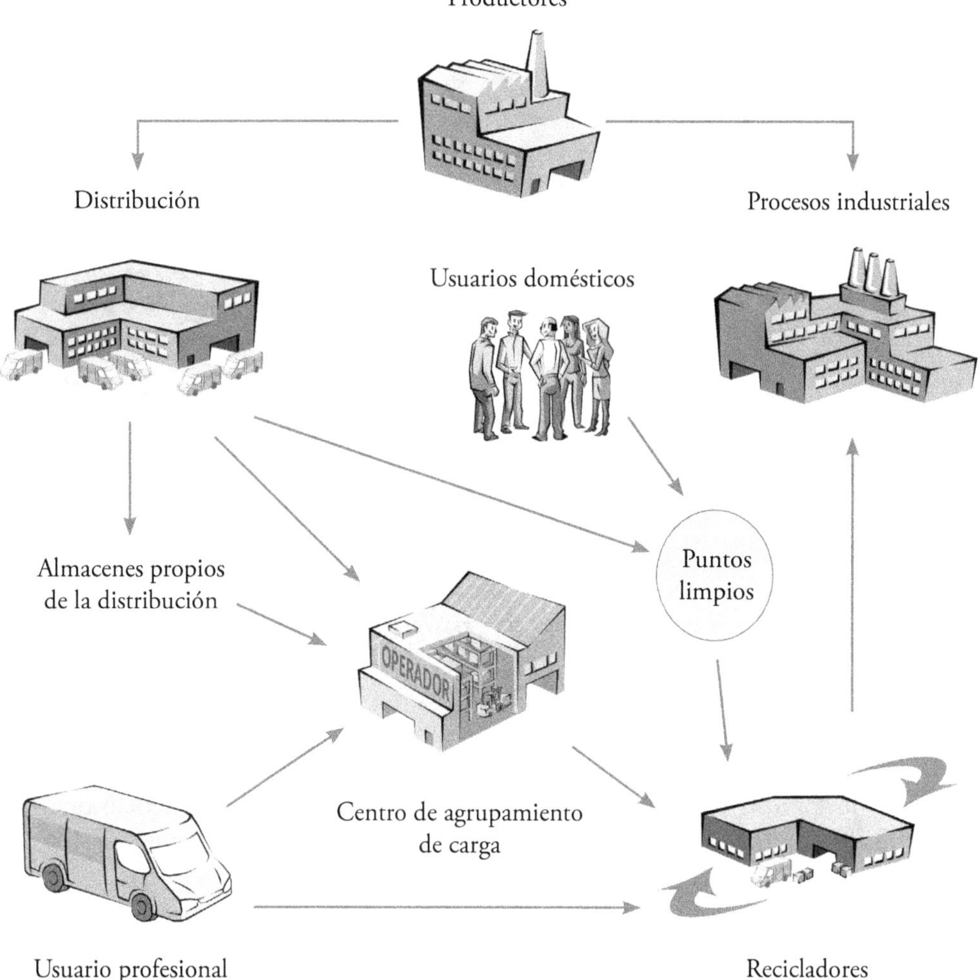

Figura 31. Esquema básico de los procesos logísticos de un sistema de gestión de residuos de aparatos eléctricos y electrónicos.

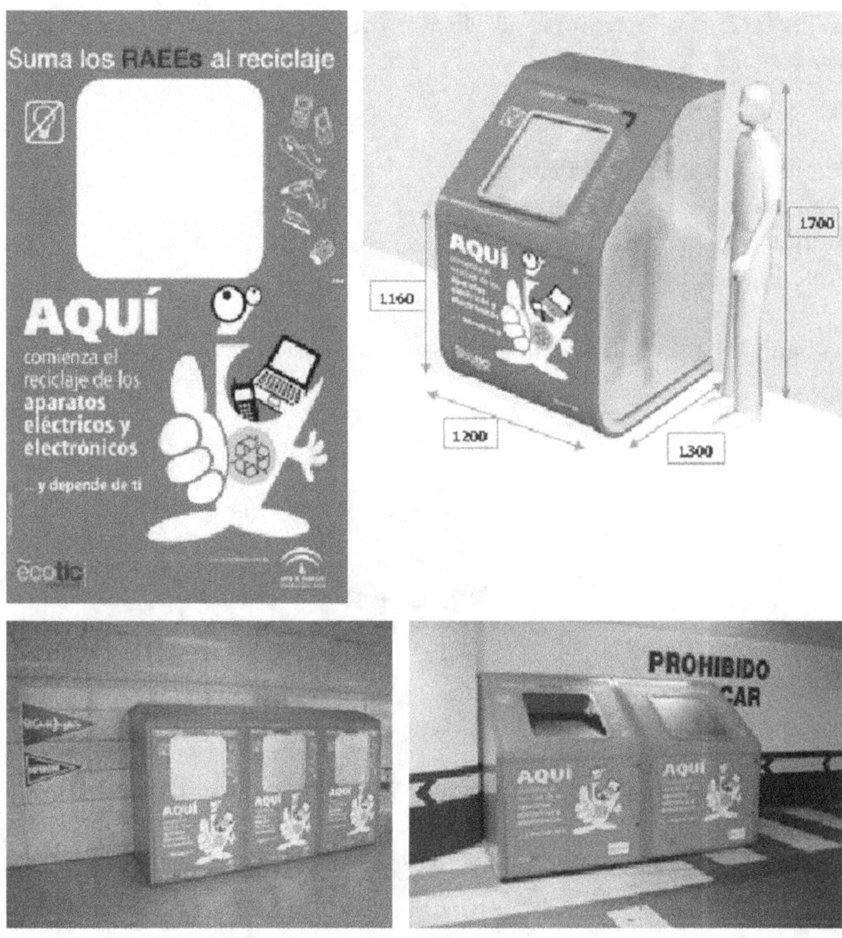

Figura 32. Medios utilizados para la recogida de residuos de aparatos eléctricos y electrónicos en centros comerciales.

Coordinación logística de los sistemas de gestión

Para coordinar logísticamente la gestión de los RAEE existen plataformas informáticas que actúan como punto de encuentro y coordinación de los principales agentes que participan en el reciclaje: los SIG autorizados, las administraciones municipales o regionales y los puntos limpios.[5] De esta manera se optimizan recursos, se homogeneiza la información, se facilita la facturación de los entes locales a los SIG y se resuelven con mayor eficacia las posibles incidencias.

---

[5] Un ejemplo de este tipo de entidades es el caso de OfiRaee, Plataforma Informática para la Gestión de los Residuos de Aparatos Eléctricos y Electrónicos (www.ofiraee.es), implantada en España.

Los principales objetivos de estas plataformas informáticas se resumen en:

- Automatizar la gestión y la recogida de los RAEE procedentes de los puntos limpios municipales.
- Lograr un uso eficaz y eficiente de los recursos de carga y transporte de los SIG adheridos.
- Homogeneizar la información y los criterios de trazabilidad de los RAEE procedentes de los puntos limpios municipales.
- Obtener y generar información agregada, fiable y unificada sobre la cantidad de RAEE recogida y gestionada desde los puntos limpios municipales en los ámbitos locales, regionales y estatales.

Las plataformas logísticas de coordinación gestionan automáticamente las solicitudes de recogida de RAEE que emiten los puntos limpios y los entes locales, mediante

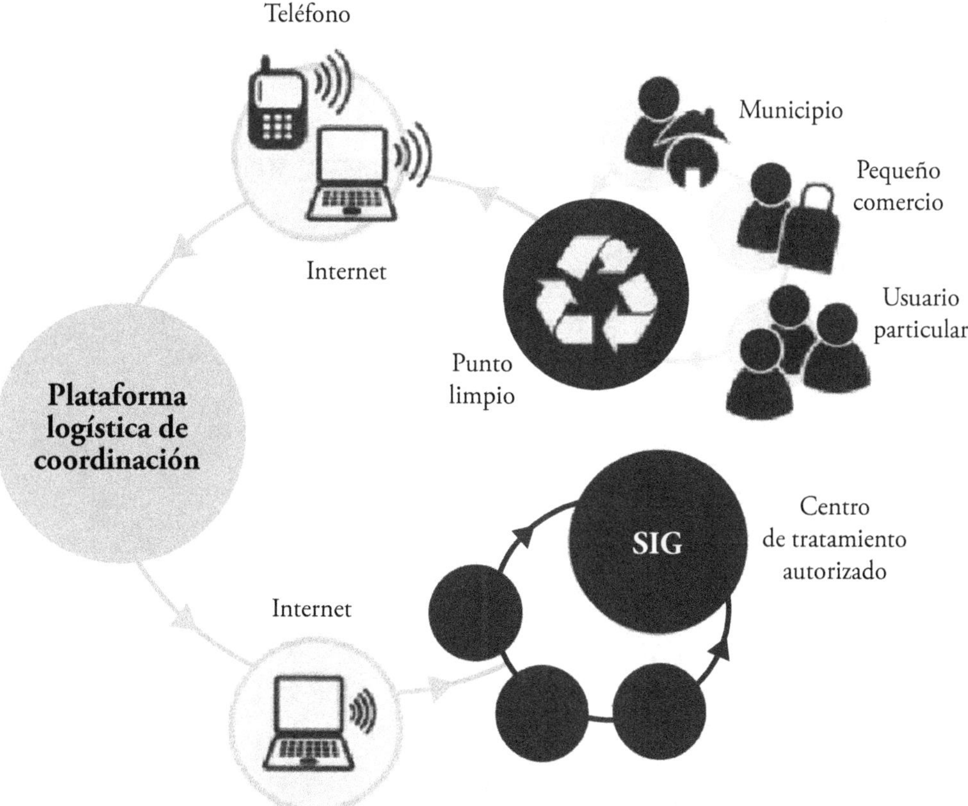

Figura 33. Flujo de proceso de una plataforma logística de coordinación
entre distintos sistemas integrados de gestión (SIG).

*Figura 34. Elemento promocional de una campaña de comunicación
para la recuperación de aparatos de aire acondicionado.*

Figura 35. Elementos promocionales de una campaña para la reutilización y el reciclaje de juguetes.

una herramienta informática propia generalmente accesible en línea o por teléfono. Estas gestiones incluyen:

– *Recepción.* Centralización de las solicitudes de recogida de RAEE enviadas desde cualquier punto de almacenamiento (puntos limpios municipales, centros de almacenamiento temporal, etc.).
– *Envío.* Coordinación de la gestión de recogida de RAEE por medio de los SIG.

El funcionamiento básico de estas plataformas se resume en cinco pasos que permiten un seguimiento preciso de la trazabilidad de los residuos:

1. El punto limpio envía la solicitud de recogida de RAEE a la plataforma de coordinación.
2. La plataforma tramita la solicitud automáticamente, la procesa y la asigna a uno de los SIG autorizados.
3. El SIG gestiona la retirada de los RAEE mediante transportistas autorizados.
4. Los RAEE son trasladados a la planta de tratamiento autorizada, donde son procesados para su descontaminación y reciclaje.
5. La plataforma de coordinación emite las correspondientes facturas de los entes locales a los SIG.

Segunda parte

Casos y experiencias prácticas

Los casos y experiencias prácticas que se desarrollan a continuación corresponden a experiencias reales de empresas de diversos sectores económicos, con problemáticas distintas, a las que se aplican los conceptos y las bases teóricas de la logística inversa que se han expuesto en la primera parte.

Los nombres y cifras más relevantes han sido alterados y modificados sin perder la esencia de la problemática que se presenta, con objeto de respetar la privacidad y la confidencialidad de las empresas de cuya experiencia real se nutre cada caso.

En cada caso se expone un aspecto relevante de la logística inversa y su aplicación específica a determinados sectores de actividad económica: la logística inversa en el sector del comercio minorista; la aplicación práctica de la gestión de la cadena de suministro inversa; cómo aplicar la logística inversa en una cadena de valor; cómo implementar sistemas de logística inversa internamente en una empresa industrial, y, finalmente, cómo aprovechar los conceptos de la logística inversa en el sector servicios.

Todo ello se acompaña de reflexiones y conclusiones para cada caso, que en modo alguno pretenden ser un dictamen, sino un punto de partida desde el cual cada lector pueda aplicar los conceptos expresados como base para desarrollar, en su propia realidad empresarial, la solución más adecuada y ajustada a esta.

Caso Toys One
Logística inversa para el comercio minorista

Objeto del caso

Análisis de la casuística de las devoluciones en el sector del comercio minorista cuando la cantidad y la estacionalidad de estas son muy relevantes.

Desarrollo del caso

Desde 1980, la compañía Toys One ha estado presente de manera constante y continuada en el sector del juguete, con el objetivo de satisfacer las necesidades de sus clientes y consumidores finales con productos de alta calidad, atractivos diseños y precios competitivos.

En los últimos años, este objetivo no solo es una realidad, sino que también se ha conseguido, en un tiempo récord, disponer de una importante presencia internacional, así como obtener el reconocimiento de diferentes entidades por su labor innovadora y de constante desarrollo empresarial.

En México, Toys One ocupa la sexta posición en la clasificación de las empresas del sector, con una cuota de mercado del 3,2 %. Toys One, dentro de su proyecto de expansión e internacionalización, está presente en más de cincuenta países, todos ellos mercados de vital importancia para la estrategia de expansión de la empresa, lo que permitirá que dicha lista se amplíe en el futuro.

La apertura de una oficina internacional en Hong Kong en el año 2000, con más de 1.500 m^2, ha permitido garantizar con éxito el desarrollo final de los productos, la fabricación y supervisión de la producción (concertada a industriales), y supervisar el control de calidad gracias a las oficinas que la filial tiene en China, ya que es en el gigante asiático donde Toys One adquiere o fabrica la totalidad de sus productos, de las divisiones de juguetes y de disfraces.

La empresa desarrolló en 2001 una división de diseño y comercialización de disfraces, que la ha convertido en uno de los líderes mundiales en el diseño y la venta de disfraces y accesorios.

Las presentaciones comerciales y los estands forman uno de los procesos de comercialización que Toys One utiliza como estandarte de la compañía. Su presencia con espacios destacados en las principales ferias internacionales refuerza la marca y la imagen de empresa internacional. La puesta en escena de la colección es una fuerte inversión que la compañía realiza cada año en cada una de las filiales de las que dispone, tratando de sorprender a la clientela, sumergiéndola en un mundo de colorido, ambientación y personalización de cada una de las líneas de producto.

Los productos básicos de diseño propios y fabricación externa de Toys One, al margen de la exitosa división de disfraces, constituyen 250 referencias y artículos distintos.

Aparte de los productos básicos de la división de juguetes, la empresa comercializa directamente artículos y juguetes de otros fabricantes (sobre todo de grandes compañías multinacionales), los cuales forman parte del catálogo de campaña que anualmente oferta Toys One.

Toys One cuenta desde 2006 con un centro logístico con el que pretende mejorar su servicio a los clientes nacionales e internacionales, y mantenerse en su compromiso de mejora de calidad constante. Este centro, estratégicamente situado en Guadalajara, tiene una superficie de más de 7.000 m² construidos (con la posibilidad de ampliarlos) y reforzará de forma notable la presencia de Toys One en Centroamérica, lo que permitirá a la compañía consolidar su crecimiento.

El volumen de facturación al cierre de 2009 fue de 48 millones de dólares, el 75 % de los cuales se concentró en las ventas en la campaña de Navidad, que moviliza a las sesenta personas de la plantilla de Toys One más otras veinte o treinta contratadas para la citada campaña.

Los distintos productos que Toys One vende son recibidos por vía marítima desde China; llegan totalmente acabados, etiquetados y embalados, por lo que su clasificación y puesta a disposición resulta relativamente fácil gracias a la gestión informatizada del nuevo almacén, dispuesto por una optimización bastante eficaz de los tamaños. Se ha conseguido que la mayoría de los embalajes lleguen retractilados y apilados en palés de dos metros de altura.

Las 1.200 referencias que habitualmente tiene Toys One enmarcadas en las tres divisiones (disfraces, juguetes propios y comercializados) se sitúan básicamente en tres canales de distribución:

– Grandes superficies, con el 40 % del total.
– Comercios minoristas especializados, con el 35 % del total.
– Exportación, con el 25 % del total.

El volumen de la campaña de 2009 en unidades de embalaje fue de 15.000 palés, y el 90 % del tránsito se realiza con transporte contratado.

Figura 36. Almacén y puertas del muelle para la carga y descarga de un centro logístico de distribución.

La problemática que se plantea en este caso son las devoluciones de final de campaña. La media de devoluciones de cada campaña navideña oscila entre el 20 y el 25 % de los artículos, por diversas casuísticas que se detallan en porcentajes sobre el total de las devoluciones:

- Productos *no vendidos* al consumidor y en perfecto estado (30 %).
- Productos *no vendidos* en buen estado con *embalaje deteriorado* (15 %).
- Productos *vendidos* al consumidor final y devueltos en buen estado con *embalaje deteriorado* (30 %).
- Productos *vendidos* al consumidor final y devueltos en no muy buen estado (reparable) sin ningún tipo de embalaje ni etiqueta (15 %).
- Productos *vendidos y no conformes* por calidad, devueltos con *embalaje deteriorado* o sin ningún tipo de embalaje ni etiqueta (5 %).
- Otros de *difícil catalogación* y sin identificación ni embalaje (5 %).

Estas devoluciones tienen lugar fundamentalmente en un solo mes (enero y primeras semanas de febrero) y provocan en la empresa un colapso logístico más que significativo, el cual, unido a la variedad de las distintas tipologías de producto y a su diferente identificación y clasificación, resulta en un desorden en los muelles y zonas de almacenaje que suele durar unos dos meses, en el mejor de los casos.

Además del coste implícito que todo ello conlleva, durante el citado período la empresa necesita a su vez mantener contratado a cierto personal eventual que no sería necesario si se solucionara o mitigara significativamente el colapso. La solución hasta ahora ha consistido en acondicionar unos contenedores denominados internamente *«bañeras»*, en los que sin demasiado orden se depositan las devoluciones a medida que llegan. El personal de logística las clasifica aprovechando aquellos artículos no deteriorados y apartando los que sí lo están o son de difícil identificación. Con el tiempo, el personal fijo de la empresa

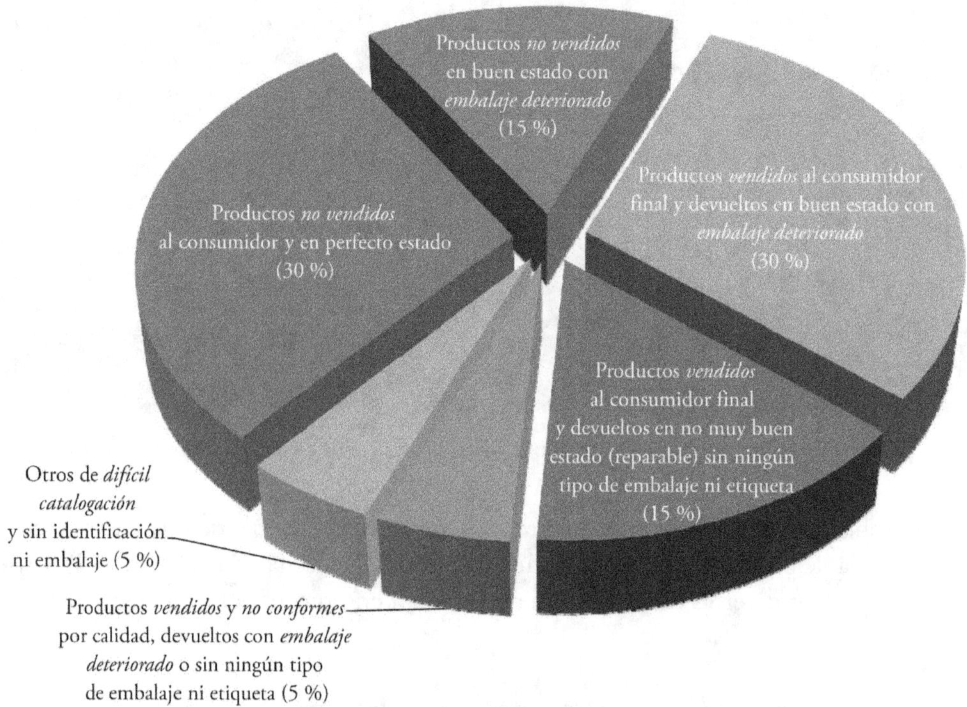

Figura 37. Porcentajes de devoluciones de Toys One.

los repara y reclasifica hasta el punto en el que le es posible, mientras que el resto se desecha o se devuelve al proveedor chino para que aproveche lo que sea posible.

Resolución del caso

Para la resolución de este caso procederemos a determinar el flujo básico de logística inversa apropiado, así como a justificar la decisión y explicitar sus beneficios.

Empezaremos realizando un esquema del flujo de logística directa, que se puede analizar en la figura 38.

El flujo de logística directa, prescindiendo de un análisis detallado, parece básicamente acertado. El valor añadido fundamental que en dicho proceso genera Toys One es la perfecta puesta a disposición previo almacenaje eficiente, mediante la estandarización de las unidades de almacenaje (palé de dos metros de altura, retractilado y etiquetado) para la distribución troncal o capilar de 15.000 unidades de almacenaje (palés), según sea el caso, en el corto espacio de tiempo en el que se concentran las ventas en la campaña de Navidad.

Conviene señalar que, si no fuera necesario enfrentarse al flujo de devoluciones, resultaría sencillo gestionar este negocio; desde el punto de vista de las operaciones,

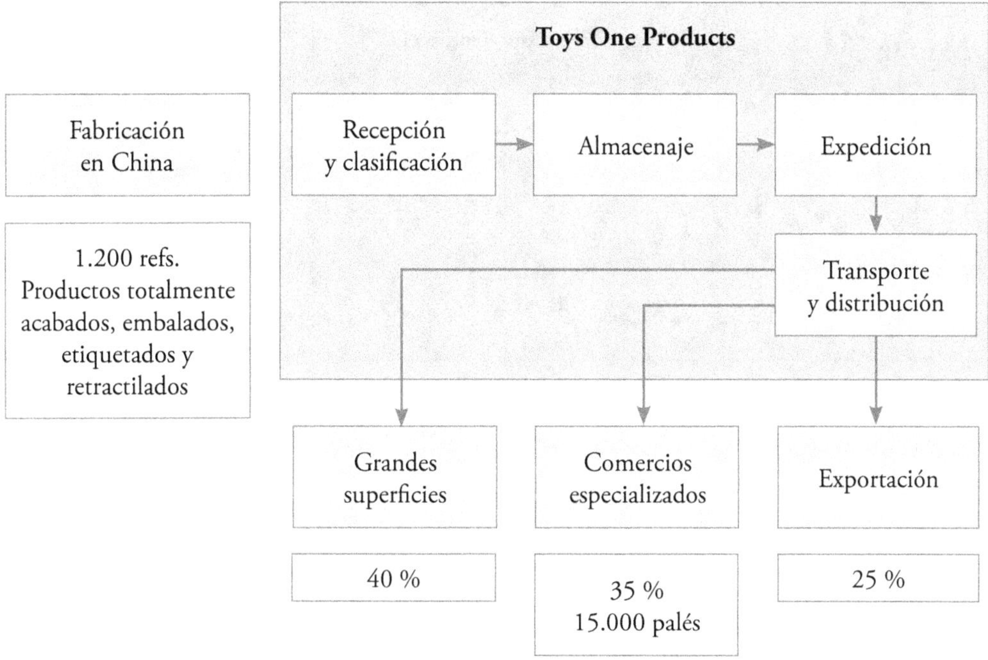

Figura 38. Esquema del flujo de logística directa de Toys One.

naturalmente. Con el ánimo de intentar si no «remediar», sí optimizar y maximizar el insoslayable flujo de logística inversa que Toys One debe gestionar, veamos en el esquema de la figura 39 cuál es el actual proceso de devoluciones y cuáles son sus puntos débiles objeto de mejora.

Los puntos débiles que se desprenden del flujo inverso son:

- Mezcla y heterogeneidad de la carga en cuanto a la recogida al coexistir palés, embalajes y productos en el receptáculo del camión.
- Coexistencia en el mismo espacio físico (muelles de recepción y expedición) de las operaciones de logística directa e inversa.
- Falta de un sistema sencillo de preidentificación (etiquetas) por tipo de devolución (del 1 al 6).
- La zona de clasificación de devoluciones comparte cierto espacio con la de almacenaje al estar ubicadas en las mismas instalaciones logísticas.
- Se dota a personal que normalmente está contratado y tal vez incentivado para las operaciones de logística directa con las de reparación o restauración de las devoluciones (logística inversa).
- El uso de las «bañeras» como elemento básico de almacenaje anterior a la clasificación no optimiza el espacio, al ser de difícil remonte y apilamiento.
- Cierta sensación de «desorden y caos».

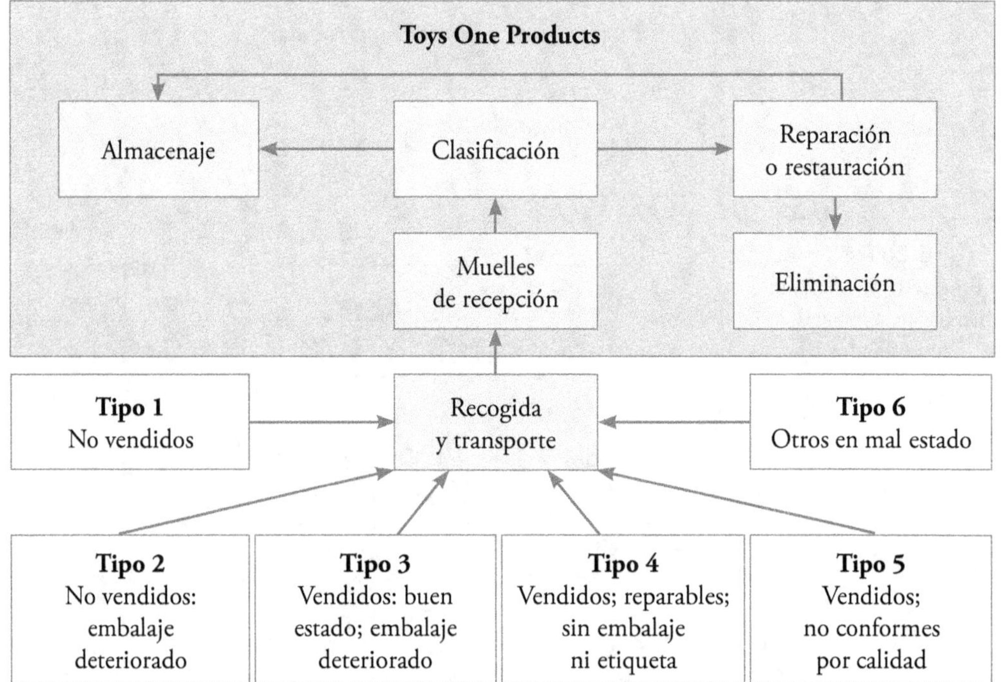

Figura 39. Proceso actual de logística inversa (devoluciones) de Toys One.

Las posibles opciones logísticas para minimizar o eliminar los puntos débiles encontrados son:

- Creación de elementos de carga de las devoluciones estandarizados y de fácil manipulación o apilamiento.
- Etiquetado básico por colores que diferencie los seis tipos de devoluciones, que deberá realizarse en el momento de la recogida desde los diferentes puntos (clientes).
- Especialización de los tipos 1, 2 y 3 para el reprocesado en las propias instalaciones de Toys One.
- Subcontratación de las operaciones logísticas de los tipos 4, 5 y 6, siempre bajo la gestión final de Toys One.
- Reintroducción de los tipos 4, 5 y 6 como producto retratado y en condiciones de utilización para su venta.

Conclusiones del caso

Este caso presenta un elemento fundamental. En determinados sectores de actividad, entre los cuales se encuentra el comercio minorista, los flujos de logística inversa no

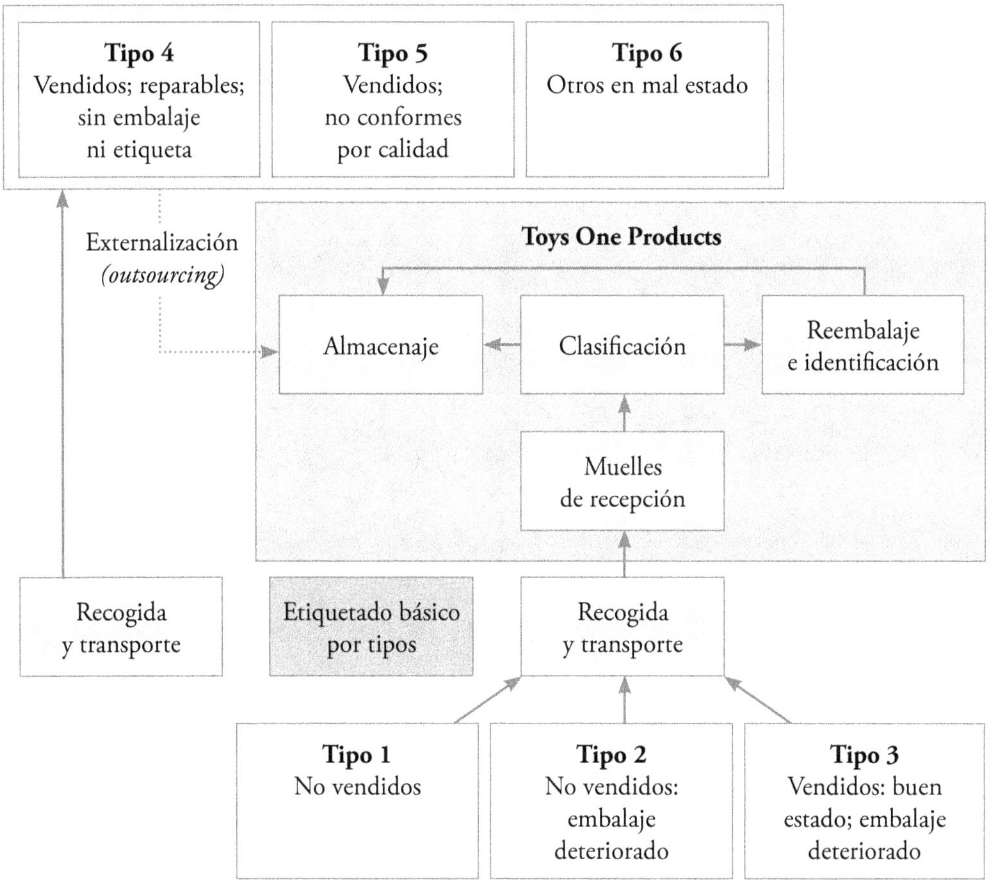

Figura 40. Esquema de la propuesta de proceso mejorado de logística inversa para Toys One.

representan un elemento de escasa relevancia en cuanto al volumen de transacciones logísticas o impacto económico, sino que constituyen una parte consustancial al proceso de negocio.

Por consiguiente, se deben estudiar con la misma intensidad operativa que los flujos de logística directa, así como analizar sus partes con el fin de maximizar el valor y reducir los costes asociados.

Una conclusión inmediata es que *no se deben mezclar* los esquemas ni las operaciones de la logística directa con los de la logística inversa. Asimismo, resulta más conveniente especializar al personal que opera en cada flujo. Por otro lado, una externalización total o parcial puede ayudar a maximizar el beneficio operativo total.

Caso Siwur
Gestión de la cadena de suministro inversa

Objeto del caso

Análisis y desarrollo de una aplicación práctica del concepto de gestión de la cadena de suministro inversa como herramienta de creación de valor y competitividad entre dos empresas: una firma industrial y un operador de logística inversa (reciclador).

Desarrollo del caso

Envases y Embalajes del Pacífico (EEP) es una empresa de pequeñas dimensiones que se dedica a la fabricación de envases y embalajes de polipropileno y polietileno.

Su tecnología se basa en la inyección de plástico para la producción de cajas de uso agrícola destinadas a contener naranjas, peras, manzanas, etc. La empresa está ubicada en la localidad de Cali (Colombia).

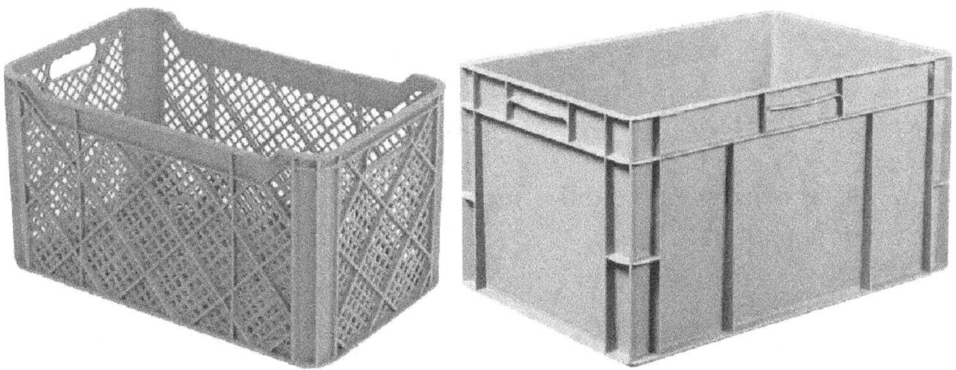

Figura 41. Modelos de cajas de plástico para uso agrícola.

Misión y objetivos

El objeto social de EEP es la compra de materiales plásticos procedentes de empresas petroquímicas para la producción de envases y embalajes destinados al sector agropecuario, en especial al segmento de frutas y hortalizas.

Organización

EEP tiene como principales clientes a las cooperativas agroalimentarias del suroeste de Colombia y adicionalmente exporta a Ecuador. Su volumen anual de ventas es de 12,8 millones de dólares, con una producción de 12.000 t, lo que equivale a unos cinco millones de unidades de envases entre las distintas referencias. Cuenta con una plantilla de treinta personas, dirigida por dos hermanos, José e Ignacio, que a finales de la década de 1990 fundaron la empresa. José se ocupa de la administración y la producción, mientras que Ignacio está al cargo de las ventas.

Por su parte, la empresa Siwur ha mantenido y mantiene una vigorosa actividad empresarial en el ámbito del reciclado de materias plásticas y su posterior transformación, homogeneización y ajuste final, y pone a disposición de un número creciente y selectivo de clientes materias primas de calidad para sus procesos productivos.

Goza también de una implantación geográfica muy adecuada en cuanto a la proximidad de sus proveedores y clientes. Dispone de cuatro centros operativos, y su cartera de clientes y proveedores está adecuadamente gestionada y consolidada.

Siwur abarca desde los grandes grupos multinacionales hasta una amplia representación de industrias del plástico de tamaño pequeño-mediano repartidas por toda la geografía colombiana. Todo ello confiere a esta empresa una posición de liderazgo dentro del segmento de los plásticos reciclados en Colombia.

En la primavera de 2009, la crisis económica mundial lleva a las empresas a plantearse cómo reducir costes, y para ello buscan distintas opciones. EEP no es una excepción, por lo que, a la vista de la cuenta de resultados del primer trimestre, José e Ignacio observan un deterioro más que notable de las cifras, que pasan de una situación prevista de beneficio a otra de pérdida. Las finanzas de EEP *no se lo pueden permitir.*

José, que estudió un máster en logística cuando concluyó sus estudios universitarios, recordaba vagamente los conceptos de logística inversa y gestión de la cadena de suministro inversa, por lo que convenció a su hermano, Ignacio, de establecer contacto con un especialista.

Buscaron y hallaron una empresa operadora de logística inversa llamada Siwur que les podía ayudar a mejorar su cuenta de resultados.

Acumulado a marzo de 2009 Envases y Embalajes del Pacífico	Acumulado anual en el primer trimestre				
	Real		Presupuesto		Desviación
	Dólares	$/t s/ventas	Dólares	$/t s/ventas	Dólares
Ventas	1.457.391	581	2.351.000	785	−893.609
Toneladas	2.508		2.995		−487
Precio medio ($/t)	581,1		785,0		−203,9
Compras	667.895		1.153.038		−485.143
Toneladas	2.283		2.995		−712
Precio medio ($/t)	292,5		385,0		−92,5
Margen de contribución unitario ($/t)	288,6		400,0		−111,4
Existencias					
Diferencia de existencias (t)	−244				
Diferencia de existencias ($)	−234.505	−94	0	0	−234.505
Coste de las mercancías vendidas	902.400		1.153.038		−250.638
Margen bruto	554.991	221	1.197.962	400	−642.971
Comisiones de negocio	64.749	25,8	88.499	29,5	−23.750
Gastos de promoción de negocio	22.526	9,0	11.324	3,8	11.202
Subtotal de gastos de negocio	87.275	**34,8**	99.823	**33,3**	−12.548
Margen de negocio	**467.716**	**186**	**1.098.139**	**367**	**−630.423**
Gastos de logística y transporte (venta)	36.187	14,4	43.070	14,4	−6.883
Gastos de logística y transporte (compra)	10.039	4,0	47.157	15,7	−37.118
Gastos de vertedero	13.011	5,2	19.458	6,5	−6.447
Gastos de personal de fábrica	167.848	66,9	178.945	59,7	−11.097
Gastos de mantenimiento y reparaciones	68.049	27,1	49.017	16,4	19.032
Gastos de energía y suministros	116.432	46,4	134.165	44,8	−17.733
Arrendamientos de explotación	36.649	14,6	33.438	11,2	3.211
Otros gastos de explotación directos	25.588	10,2	25.126	8,4	462
Subtotal de gastos directos de explotación	473.803	**188,9**	530.377	**177,1**	−56.574
Resultado de explotación	**−6.087**	**−2**	**567.762**	**190**	**−573.850**

(Continúa)

(Continuación)

Gastos de personal de estructura	79.111	31,5	102.125	34,1	–23.014
Servicios profesionales y de asesoría	10.773	4,3	11.040	3,7	–267
Primas y seguros	23.448	9,3	17.755	5,9	5.693
Arrendamientos y *leasing* de la estructura	10.358	4,1	13.894	4,6	–3.536
Otros gastos generales y de estructura	6.977	2,8	21.417	7,2	–14.440
Subtotal de gastos fijos estructurales	130.667	**52,1**	166.231	**55,5**	–35.564
EBITDA	**–136.754**	**–55**	**401.531**	**134**	**–538.285**
Subtotal de amortizaciones	96.439	**38,5**	97.531	**32,6**	–1.092
Resultado operativo	**–233.193**	**–93**	**304.000**	**102**	**–537.194**
Subtotal de gastos financieros	72.248	**28,8**	82.908	**27,7**	–10.660
BAI	**–305.441**	**–122**	**221.092**	**74**	**–526.533**

Tabla 5. Cuenta de resultados del primer trimestre de 2009 de EEP.

La entrevista

> EEP: Necesitamos un estudio para mejorar nuestros costes industriales en la inyección de las cajas de frutas actuales de polipropileno y polietileno.
>
> Siwur: Bien, debemos analizar el flujo de operaciones, así como las características de los materiales y sus resultados físico-químicos, para poder determinar una fórmula específica de material reciclado que cumpla las características mecánicas que actualmente tienen sus productos.

EEP acepta encantada y brinda los datos técnicos a Siwur, que es invitada a visitar la fábrica.

Los datos técnicos de sus productos son, en síntesis, los siguientes:

– Porcentaje de polipropileno en mix. de producto: 70 %.
– Porcentaje de polietileno en mix. de producto: 30 %.
– Índice de fluidez necesario: 22-28.
– Porcentaje de merma interna de EEP en el proceso productivo: 4,5 % de media.
– Resistencia mínima al impacto: 45 kg/cm^2.

Siwur se emplaza a establecer, al cabo de dos semanas, un plan conjunto para la mejora de los costes industriales.

Ignacio, que no está muy convencido, propone a José que, de manera independiente y paralela al análisis que Siwur se ha comprometido a realizar, EEP estudie el autorreciclaje de su propia merma mediante la inversión en maquinaria específica para ello.

A José no le parece mala idea, ya que de esta forma dispondrán de dos puntos de vista y dos análisis diferentes.

Ambos hermanos intuyen que cualquiera de las dos soluciones permitirá ahorrar los gastos de vertedero, que han ascendido en el primer trimestre de 2009 a 13.011 $, con una proyección anual de 52.000 $.

Además, Ignacio empieza a considerar la idea de explotar comercialmente el hecho de que EEP sea una empresa no contaminante y de que sintonice con la nueva economía sostenible.

Resolución del caso

Opción de autorreciclaje

Esta alternativa requiere una inversión en maquinaria específica: un molino granulador (120.000 $) y una extrusora (250.000 $), ambos amortizables en diez años, amén de la posible ampliación de la capacidad energética instalada (agua y electricidad), que se estima en 60.000 $ anuales.

Asimismo, precisa el personal necesario para esta nueva actividad (un turno de dos operarios, 50.000 $ al año), con el objetivo de poder autorreciclar la totalidad de su merma de proceso, es decir, el 4,5 % de su producción actual.

Ello también implica un ajuste de las fórmulas de mezclado, al incorporar en el mejor de los casos el 4,5 % de su propio material ya reciclado.

Molino granulador

Extrusora específica para autorreciclaje
(granceado)

Figura 42. Maquinaria específica requerida en la opción de autorreciclaje.

Figura 43. Contenedores específicos por tipo de material.

Opción de Siwur

La propuesta de Siwur implica:

– No invertir en ningún tipo de maquinaria específica, y no incorporar ningún personal adicional específico.

– Integrar EEP dentro de los conceptos de gestión de la cadena de suministro inversa, al convertirse Siwur en un nuevo proveedor alternativo parcial a las actuales plantas petroquímicas.

– Ajustar las fórmulas de mezclado, al incorporar el 4,5 % de su propio material reciclado más un 5,5 % adicional de material reciclado externo a la generación de EEP con las mismas características físico-químicas, testado y validado en las instalaciones de Siwur por un laboratorio independiente.

– Ofertar la compra de la merma procedente del proceso productivo, integrada en el flujo de logística inversa. El precio de compra sería de 50 $/t.

– Facilitar contenedores específicos (logísticamente diseñados) para la retirada de las mermas, que se clasificarían por tipo de material (polipropileno y polietileno).

– Ofertar el 10 % de las toneladas de compra de EEP de material reciclado y ajustado a las fórmulas de producción de EEP a un precio final DDU (transporte pagado hasta destino) de 180 $/t.

José e Ignacio se aplican para realizar una comparación entre las dos opciones usando la técnica de análisis denominada *balance de costes de oportunidad,* que se detalla en la tabla 6.

AUTORRECICLAJE

Datos base de cálculo	*Al trimestre*	*Al año*	
Tonelaje trimestral producción = venta (por simplificación)	2.508	10.032	toneladas
Tonelaje de merma de proceso (4,5 %)	113	451	toneladas
Precio de compra de materia prima a petroquímica	292	292	$/t
Variables económicas ($) *específicas inherentes a la opción*	*Incrementan costes*	*Disminuyen costes*	
Inversión en una extrusora (250.000 $; amortización a 10 años)	25.000		
Inversión en un molino granulador (120.000 $; amortización a 10 años)	12.000		
Incremento del consumo energético (anual)	60.000		
Contratación de personal (un turno de dos personas)	50.000		
Reducción de la compra a petroquímica (451 t/año)	131.820	131.820	
BALANCE DE OPORTUNIDAD DE LA OPCIÓN 1	15.180 de sobrecoste		
Costes ocultos o inducidos			
Se debe contemplar el apalancamiento financiero, así como el impacto en balance de la inversión de 370.000 $			

SIWUR. OPERADOR DE LOGÍSTICA INVERSA

Datos base de cálculo	*Al trimestre*	*Al año*	
Tonelaje trimestral producción = venta (por simplificación)	2.508	10.032	toneladas
Tonelaje de merma de proceso (4,5 %)	113	451	toneladas
Tonelaje de venta de Siwur (10 %)	251	1.003	toneladas
Variables económicas ($) *específicas inherentes a la opción*	*Incrementan costes*	*Disminuyen costes*	
Tonelaje de compra a Siwur (10 %) a 180 $/t	180.576		
Tonelaje de venta a Siwur (4,5 %) a 50 $/t		22.572	
Reducción de la compra a petroquímica (1.003 t/año)		292.934	
BALANCE DE OPORTUNIDAD DE LA OPCIÓN 2		134.930 de ahorro	
Costes ocultos o inducidos			
No se observa ninguno			

Tabla 6. Balance de costes de oportunidad de las opciones de autorreciclaje y Siwur.

Conclusiones del caso

Este caso presenta un elemento fundamental y la aplicación práctica del concepto de gestión de la cadena de suministro inversa, en el sentido de integración de los flujos inversos que para la empresa EEP conlleva establecer una relación de colaboración con Siwur. Esta relación colaborativa no solo permite que el sistema económico de ambas empresas se beneficie en términos absolutos, sino que fortalece la ventaja competitiva de EEP al dotarse esta de un socio experto en reciclaje que, de forma directa, le permite reducir sus costes de transformación más allá de lo que supondría el autorreciclaje.

La doble vinculación entre las dos empresas es inherente a la extensión entre ambas de la cadena de suministro en cuanto a los flujos inversos, ya que implica un conocimiento de los programas de fabricación y de la dotación de elementos logísticos de recogida, así como una transparencia de la información de suministros.

En resumen, la gestión de la cadena de suministro inversa constituye sin lugar a dudas un elemento de ventaja competitiva para las empresas que la desarrollan.

Caso Tazzos
Creación de una cadena de valor en logística inversa

Objeto del caso

Análisis de la casuística de la integración de la logística inversa en una cadena de valor liderada por una multinacional de productos de aperitivo. La cadena está compuesta por industriales de la transformación, así como de la inclusión en esta de un operador de logística inversa, con objeto de competir más eficazmente y mejorar los beneficios de toda la cadena al comportarse no como una serie de empresas con más o menos objetivos comunes, sino como un solo negocio.

Desarrollo del caso

Londres, 30 de marzo de 2012

Nos encontramos en la primavera de 2012. Robert L. Lovercraft es un joven ejecutivo de la compañía multinacional británica Snacks UK Ltd. Con un año de experiencia en la empresa y tras haber obtenido un MBA en una universidad de Barcelona, es llamado por su jefe directo, William Wallace Jr (más conocido como W. Wallace), el genio de la mercadotecnia de consumo, quien tiene en mente una idea.

> W. WALLACE (WW): Tú hablas español, ¿verdad?
>
> ROBERT L. LOVERCRAFT (BOBBY): Sí, estudié en Barcelona, ¿por qué?
>
> WW: Verás, muchacho, creo que eres el hombre ideal para monitorizar una prueba de mercado nacional con proyección europea.
>
> BOBBY: Dispara, soy todo oídos.
>
> WW: Quiero que vayas a España esta misma semana y que, para antes del treinta de junio de este mismo año, me hayas conseguido un fabricante de Tazzos.
>
> BOBBY: ¿Qué son los Tazzos y por qué España?

WW: Tazzos es el nombre comercial de un juguete que vamos a introducir en algunos de nuestros aperitivos, que deberá ser objeto de disfrute de los chicos de entre siete y catorce años como público objetivo, al tiempo que imprimiremos en ellos imágenes de héroes de acción, etc. España es ideal porque, además de poseer una población suficientemente representativa en cuanto a niveles sociales y de capacidad de compra, en verano recibe una millonada de visitantes del resto de Europa, con lo que la prueba puede ser fácilmente proyectada al impacto que tendría en toda Europa a un precio de prueba significativamente mejor.

BOBBY: ¿A qué hora sale el primer vuelo a Barcelona?

WW: No corras tanto, muchacho. El margen comercial del aperitivo, como sabes, es del 12 %, con un precio facial de 2,50 € por bolsita. En cada bolsita debe ir un Tazzo, que, evidentemente, no puede afectar en más de un 4 % el margen final; es decir, el margen no puede ser inferior al 8 %. El Tazzo debe ser circular, de 3 cm de diámetro y 0,8 mm de espesor; ha ser de un material plástico de uso permitido en contacto directo con los alimentos (PS, PET, PP); no puede ser quebradizo, de modo que, si un muchacho lo muerde (y esas fieras lo muerden todo), no se agriete o quiebre con el consecuente peligro de lesión labial y demás. ¡Ah!, se me olvidaba: cuando los chicos lo tiren contra el suelo o una mesa, debe sonar a algo así como una chapa metálica, como aquellas con las que jugábamos los viejos de hoy cuando éramos niños.

BOBBY: Pues vaya con el jueguecito. ¡No me lo pones fácil!

WW: Si fuese fácil, se lo habría encargado a un sénior; te envío a ti porque, si lo haces mal, serás una pérdida asumible. En serio, Bobby, esto puede ser uno de los mayores éxitos para nuestra empresa e impulsarte a ti bastante arriba. Nuestra fábrica de aperitivos de Barcelona tiene la gama básica necesaria para la prueba; ve allí y empieza a trabajar.

Barcelona, abril de 2012

Bobby ha contactado con un amigo y antiguo compañero de estudios del MBA, Juan Sánchez, quien actualmente es empleado de una empresa británica con sede en Barcelona dedicada a la transformación de plásticos para la alimentación, Plásticos Españoles, SA. Juan le escucha con suma atención y, junto con los ingenieros de la empresa para la que trabaja, determina que el producto debe crearse con poliestireno (PS) y ciertos aditivos químicos que consigan las características necesarias para el uso seguro del Tazzo, así como la capacidad de ser impreso y de que produzca un sonido «metálico».

La empresa de Juan no dispone de impresoras planas multicolor con las que reproducir los diseños de fantasía, pero sí puede fabricar láminas de 0,8 mm de espesor y de material de PS con aditivos. Tampoco tiene troqueladoras que permitan la confección propiamente dicha del Tazzo con un diámetro de 3 cm.

¡Hay que buscar otro actor en la cadena de valor!

Barcelona, 30 de abril de 2012

Juan y Bobby ya han encontrado a un impresor que dispone de las instalaciones necesarias y de la tecnología precisa para imprimir láminas de 0,8 mm de espesor por 1 m de ancho y 1,5 m de largo, en ocho colores básicos en formato de cliché circular de 3 cm. La empresa se llama Estampaciones GR y está ubicada en una localidad cercana a Barcelona. Su dueño, Pere Rigau, un hombre activo y capaz, les ha manifestado su voluntad de reducir al máximo el coste de impresión y troquelado, pero lamentablemente existe una pérdida de material (PS en láminas) del 36 % debido a los espacios intersticiales que resultan de la impresión de los Tazzos.

Barcelona, 15 de mayo de 2012

Bobby no se desanima y solicita a Juan y Pere que se inicien las pruebas industriales de fabricación, aunque es consciente de que los costes que maneja implican que la bolsita de aperitivo no solo no tendría el margen mínimo que su jefe le ha exigido (8 %), sino que a duras penas llegaría al 1 %, y en el mejor de los casos. Con el resultado de las primeras pruebas, Bobby viaja a Londres para reunirse con William Wallace, quien queda gratamente sorprendido por las posibilidades del Tazzo como promoción de ventas. No obstante, su cara se agria cuando Bobby, aún con la esperanza de que la idoneidad del producto haga pasar desapercibido el más que escaso margen comercial, le presenta las estimaciones económicas.

La respuesta de su superior no se hace esperar: «Bobby, has hecho hasta ahora un buen trabajo en un tiempo récord, pero hacer las cosas bien y no lograr el objetivo es como correr una carrera de una milla y caerse en el último metro. Vuelve a Barcelona y resuelve la situación. ¡Ah!, se me olvidaba: pasa por el departamento de recursos humanos y verifica que sean correctos todos tus datos de afiliación, ya que, en caso de que te despidiese, no querría que tuvieras ningún problema burocrático».

Barcelona, 1 de junio de 2012

Bobby es un manojo de nervios: tiene el producto que desea, pero a un coste de transformación inasumible. ¿Qué puede hacer? ¿Cómo puede reducir costes?

Resolución del caso

Veamos, en primer lugar, el esquema de la figura 44. En él se refleja la cadena de valor que lidera Snacks UK Ltd para la comercialización piloto en España de los aperitivos, con el reclamo publicitario y de promoción de ventas de los Tazzos.

Resulta evidente que perder el 36 % del material de PS a causa de las características físico-químicas que deben reunir los Tazzos es inasumible. No solo por los objetivos de margen comercial establecidos en el diseño de la campaña de Snacks UK Ltd, sino por tratarse simple y llanamente de un despilfarro.

Como se ha visto en el capítulo 3, la cadena de valor ha de cumplir determinadas exigencias organizativas y formales desde el punto de vista empresarial, que son las siguientes:

- Planificación consensuada y compartida con tiempos de reacción secuenciados y coordinados.
- Existencias mínimas necesarias, comunes a todos los miembros de la cadena.
- Delegación de acciones y responsabilidades en función del grado de conocimiento de los distintos integrantes de la cadena.

La solución se basa en incorporar a la cadena de valor un nuevo eslabón que se integre perfectamente con los elementos y características que la definen. Este esla-

Figura 44. Cadena de valor de Snacks UK Ltd para la fabricación de Tazzos.

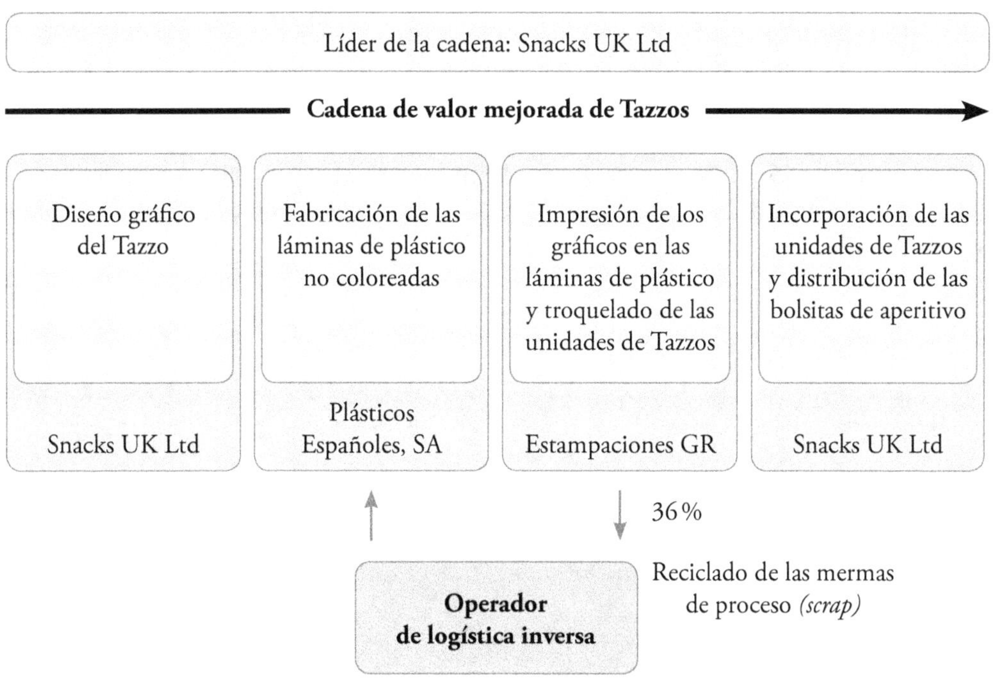

Figura 45. Cadena de valor mejorada de Snacks UK Ltd para la fabricación de Tazzos.

bón no es otro que un operador de logística inversa, cuya función consistirá en el reciclaje de las mermas de proceso tanto de Plásticos Españoles como, sobre todo, de Estampaciones GR, con la finalidad de volver a disponer de materia prima con las condiciones físicas y químicas requeridas, con un beneficio marginal que signifique la consecución del margen de campaña que Snacks UK Ltd ha determinado como umbral.

No cabe duda de que la incorporación de este operador de logística inversa potenciará los beneficios añadidos de un experto en reciclaje. No solo facilitará la reducción de costes, sino que la curva de aprendizaje que este nuevo eslabón aportará a toda la cadena redundará en mayores eficiencias.

El esquema definitivo de la cadena de valor es el que se muestra en la figura 45.

Conclusiones del caso

Este caso presenta la aplicación práctica del concepto de cadena de valor, así como la inclusión de operadores de logística inversa dentro de esta.

Resulta evidente que la coordinación de la información y de los flujos de toda la cadena se hace imprescindible, al tiempo que debe incluir en ellos los inherentes al operador de logística inversa como un eslabón más de la cadena.

Toda la cadena se ordena y gestiona como si fuera una sola empresa, ilocalizada y orientada a la consecución del objetivo común.

En este caso, no tener en cuenta un eslabón tan determinante como el operador de logística inversa hubiera revertido en un error fatal.

Como conclusión, recordemos que, al diseñar una cadena de valor, se deben considerar los elementos de logística inversa que pueden intervenir en ella y tratarlos como un eslabón más de esta.

Caso Taladrinas
Cómo implementar sistemas de logística inversa internamente en una empresa industrial

Objeto del caso

Análisis de las soluciones de autorreciclaje integrado dentro de los procesos productivos para reducir los costes totales y el impacto en el medio ambiente.

Desarrollo del caso

Se llama *taladrina* o *aceite de corte* al líquido compuesto por una mezcla de aceite industrial y agua que se bombea sobre el filo de las herramientas de corte con las que trabaja una máquina herramienta (torno, fresadora, mandrinadora, etc.), con el objetivo de lubricar y refrigerar la zona de trabajo y conseguir así una mayor duración de la herramienta y una mejor calidad en la superficie mecanizada. Las máquinas herramienta disponen de un depósito y un equipo de bombeo en los que se crea un circuito de bombeo con dicho líquido.

En la zona de trabajo se genera una gran cantidad de calor que, si no es refrigerado, deteriora rápidamente la herramienta. Además, al calentarse la pieza que se mecaniza, sus dimensiones pueden verse alteradas por la dilatación térmica producida.

Su uso está extendido en las industrias de transformación metalúrgica de metales férricos (hierro y acero) y no férricos (aluminio, cobre, etc.).

La empresa Industrias del Aluminio Especiales fabrica evaporadores para aparatos frigoríficos, y utilizaba las taladrinas en un proceso de laminación en caliente.

En el caso de esta empresa, el factor económico se impuso en la decisión por el reciclado propio dentro de las instalaciones de la empresa.

La firma implantó en su fábrica de Rosario (Argentina) un circuito cerrado de taladrinas con separación de aceites y agua por microfiltración a través de membranas.

Esta emulsión de taladrina tiene una concentración del 5 % de aceite y del 95 % de agua. Antes de minimizar la gestión del residuo, este incidía sobre la cantidad total de la emulsión, lo que ocasionaba un coste en transporte y tratamiento.

Actualmente, solo es necesario tratar en el exterior la parte que corresponde al aceite de la emulsión; es decir, solo el 5 % se gestiona en centros especializados en el tratamiento de aceites y fluidos operacionales contaminantes, clasificados como peligrosos.

Resolución del caso

Para lograrlo, la empresa construyó un depósito subterráneo de 3.000 litros de capacidad en el que caían tanto la taladrina como los vertidos que se producen durante el proceso de recirculación.

La taladrina se filtra y envía a un depósito central de distribución en el que el ciclo recomienza. Cuando se considera que la taladrina es defectuosa, se envía a otro depósito de 15.000 litros que alimenta una unidad automática de microfiltración tangencial, formada por dos módulos de filtración con membranas cerámicas y con capacidad para 2.900 litros semanales.

En esta unidad se separa el agua del aceite no reutilizables, que son gestionados como residuos.

Se trata de un sistema sencillo de reutilización que, en el caso concreto de esta firma, redujo los residuos de 200.000 litros anuales a 10.000, además de ahorrar costes.

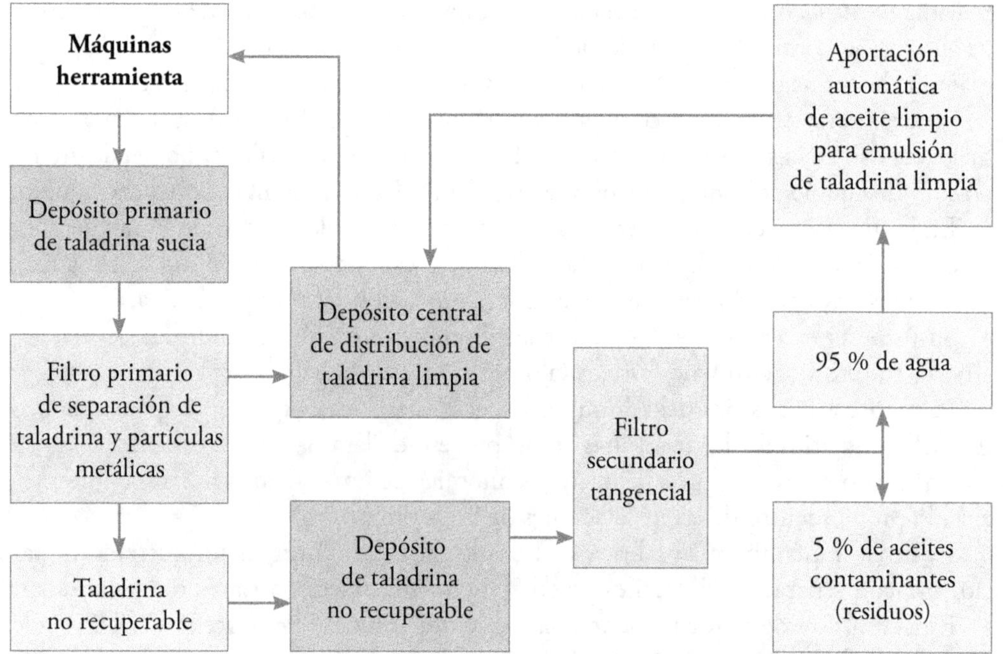

Figura 46. Esquema hidráulico de aprovechamiento y reciclado de taladrinas.

La figura 46 ilustra la solución encontrada por Industrias del Aluminio Especiales en un esquema del flujo de la taladrina y su aprovechamiento una vez reciclada.

Conclusiones del caso

La primera conclusión, y quizá la más significativa, es que hacer las cosas bien no es suficiente; hay que hacerlas mejor. Es decir: Industrias del Aluminio Especiales invirtió una cantidad de dinero, que retornó en menos de un año, para aprovechar más eficientemente sus residuos; redujo al mismo tiempo sus gastos y mejoró su cuenta de explotación.

La segunda conclusión nos remite a la aportación económica y ecológica a la sociedad, al ser capaz de emitir menos residuos que, en cualquier caso, han de ser tratados por las empresas y sistemas integrales de gestión autorizados.

En resumen, he aquí un ejemplo de una decisión de logística inversa con un impacto positivo tanto para la empresa que la promueve como para la sociedad que la acoge.

Caso Transportes O3
Cómo aprovechar los conceptos de logística inversa en el sector servicios

Objeto del caso

Análisis de la casuística de cómo la logística inversa puede ayudar a detectar beneficios ocultos y ahorros potenciales para mejorar el resultado económico, incluso en sectores y áreas de negocio tan íntimamente ligados al concepto de logística directa como los operadores de transportes y servicios logísticos.

Desarrollo del caso

Transportes O3. Operador logístico

Transportes O3 es una conocida empresa española de transportes que actúa como operador logístico especializado en la exportación al conjunto de la Unión Europea. Cuenta con siete centros logísticos ubicados en las principales ciudades y centros industriales.

Su actividad principal consiste en la recogida de productos en los almacenes de sus clientes, el tránsito o consolidación capilar en los siete centros logísticos que posee y la conformación de la carga troncal a los destinos (principalmente centroeuropeos), para lo que cuenta con una flota de mil camiones tipo tráiler, entre vehículos propios (20 %) y asociados-vinculados con la imagen corporativa de Transportes O3 (80 %).

Su facturación en 2008 fue de 45 millones de euros, con una plantilla fija de doscientas personas y más de mil quinientas en total (incluidos los transportistas autónomos asociados).

Sus competencias esenciales *(core competence),* en palabras de su director general, consisten en «ser capaces de garantizar el traslado de la mercancía de los clientes con seguridad, integridad, rapidez y trazabilidad total».

El año 2009 empezó muy mal; la crisis económica afectó gravemente a la actividad de Transportes O3. En el primer trimestre, la empresa vio reducida un 45 % su actividad, lo que motivó a la dirección a disminuir el número de transportistas asociados, así como a implantar un expediente de regulación de empleo (ERE) del 40 % de la plantilla fija.

Ante tal situación, el director general instó a la totalidad de las direcciones regionales a realizar los mayores esfuerzos posibles para aumentar el valor añadido de todas las operaciones de negocio. Raúl Rodríguez, responsable de la delegación de Barcelona, salió muy preocupado de la reunión con su director general, ya que no veía el modo de mejorar sus procesos.

Transportes O3. Delegación de Barcelona

En Barcelona, Transportes O3 está situada en la localidad de El Prat de Llobregat, en unas naves alquiladas de 15.000 m^2 de excelente localización, cerca del nudo empresarial de la Zona Franca de Barcelona, y atiende a un agrupamiento de clientes situados en áreas geográficas de actividad industrial y empresarial de primer nivel, que tienen contratados los servicios de operador logístico desde hace algunos años de manera estable con Transportes O3.

A finales de 2008, la plantilla fija de la delegación contaba con setenta y cinco personas y los transportistas asociados eran unos quinientos, lo que definía la posición de liderazgo de la delegación de Barcelona dentro del grupo Transportes O3.

Las necesidades y el éxito de esta delegación propiciaron que en 2007 se invirtieran ocho millones de euros en un almacén robotizado trilateral para palés de tipo europalé (800 × 1.200 mm), con 11.000 localizaciones en estantería (véase la figura 47).

Figura 47. Imagen virtual del nuevo almacén robotizado de Transportes O3.

Raúl Rodríguez había conseguido de sus clientes la homogeneización del tipo de embalaje con el fin de optimizar no solo el transporte por carretera en camión tráiler, sino también, lo que es mucho más importante, la exigencia operativa de su nuevo almacén robotizado, por lo que todos los palés procedentes de los clientes debían estar conformados de igual manera y dimensión exterior:

- Base: europalé 80 × 120 cm.
- Embalaje: cajas de cartón conformadas en base de superficie de 80 × 120 cm y altura de 2 m, como máximo.
- Retráctil: palés retractilados por película plástica estirable.
- Amarre: mediante fleje plástico.

Esto constituía la unidad básica de transporte (UBT). El proceso era el siguiente:

- *Recogida.* Transporte capilar diario en las instalaciones de los clientes.
- *Consolidación.* Ubicación y control de las UBT dentro del almacén robotizado de Transportes O3.
- *Entrega.* Expedición dirigida a los puntos de destino indicados por los clientes de Transportes O3 (Centroeuropa).

Dentro del precio ofertado por los servicios logísticos de Transportes O3 estaba incluido el coste de los elementos que constituían la UBT.

En las tarifas de 2008, su precio medio era el siguiente:

- Base: europalé: 7 €/unidad (reforzado de máxima calidad).
- Cajas de cartón: 350 €/millar de unidades.
- Retráctil: 12 €/bobina (500 m).
- Fleje: 35 €/bobina (500 m).

Aunque los clientes habían manifestado en alguna ocasión que el coste incluido en la tarifa que ofrecía Transportes O3 era, en el caso de las UBT, algo elevado, Raúl siempre los había convencido de que, si bien dentro de la conformación de una UBT el precio del palé de madera reforzado de máxima calidad era algo elevado (7 €/unidad), tal condición era imprescindible para garantizar la seguridad del transporte de las mercancías, así como la exigencia dentro del almacén robotizado trilateral en cuanto a los nichos y localizaciones de estantería.

El precio medio a finales de 2008 de un transporte con camión tráiler con origen Barcelona y destino Múnich era de 1.670 € por porte de 32 palés, con un beneficio bruto por porte del 12 % (se incluía en él el coste de todo el proceso como operador logístico).

Esta tarifa constituía la base media de servicios sobre la que se construían todas las demás.

La situación en la primavera de 2009 para Raúl Rodríguez

El precio del servicio de operador logístico que cobraba a sus clientes se había tenido que reducir un 10 %, mientras que el volumen de mercancías se había reducido menos que en el global del grupo Transportes O3. Aun así, el ERE negociado con los sindicatos de forma amigable no dejaba de ser una merma en cuanto a la eficiencia de la delegación y, además, había tenido que desprenderse de unos ciento cincuenta transportistas asociados contractualmente con Transportes O3.

Como consecuencia de todo ello, el balance antes de impuestos (BAI) del primer trimestre se tradujo en la más que preocupante cifra de 85.000 € de pérdidas.

¿Qué debía hacer?, ¿cómo podía reducir costes si ya había hecho todo lo que la lógica empresarial le dictaba?

¿Podía haber beneficios ocultos en el proceso de operaciones?, ¿cuáles?

Raúl Rodríguez había estudiado en una escuela de negocios especializada en logística, y recordaba un concepto que en su día le llamó poderosamente la atención: la logística inversa.

Se preguntaba y reflexionaba sobre lo siguiente: si los elementos del proceso de operaciones de negocio –logística directa– no parecían por ellos mismos proporcionar la solución, ¿podrían brindársela los elementos del proceso de logística inversa?

Para ello, estableció un plan:

1. Determinar cuáles eran los elementos de logística inversa que estaban operando en la delegación de Transportes O3 de Barcelona. En síntesis, se trataba de restos de palés ligeramente deteriorados, flejes, película plástica estirable y cajas deterioradas o vacías de cartón y otros (fluidos y aceites, neumáticos, etc.).
2. Considerar qué acciones se habían tomado hasta entonces en relación con ellos (inferirlos).
3. Estudiar la posibilidad de llevar a cabo nuevas acciones para revelar potenciales beneficios ocultos. En tal caso, ¿cuáles podían ser?

Conclusiones del caso

Esta experiencia pone de manifiesto que las mermas, los deterioros, etc., de un proceso de negocio como el transporte de mercancías en palés y su almacenamiento y puesta a disposición tienen un valor en el mercado para otras empresas que va más allá de la simple puesta a disposición de operadores de logística inversa, que los retiran y reutilizan en sus procesos de negocio y extraen así su propio y lícito beneficio.

Este valor es considerable en el sentido de que son, efectiva y potencialmente, las propias empresas que producen esas mermas y deterioros las que pueden buscar otras opciones más interesantes desde el punto de vista económico y, por tanto, encontrar nichos de beneficios ocultos.

En este caso, es evidente que el ligero deterioro de unos excelentes palés de madera, aun resultando inservibles para su utilización en los almacenes robotizados, no impide que sean óptimos para otras aplicaciones y empresas con menos exigencias dimensionales y estructurales en cuanto a su uso.

La búsqueda de firmas especializadas en el tratamiento de dichos elementos y la venta de las mermas y los materiales deteriorados al mejor postor como un sistema de añadir valor a la cuenta de resultados, más allá de resolver un problema o de sustituir el concepto de gastos por deterioro por el de ingresos por venta de elementos y materiales de logística inversa, es una estrategia que redunda en beneficios visibles e inmediatos.

Conclusiones

Conviene destacar el enfoque que a lo largo del presente libro se ha ido desgranando, que es el de la optimización, la generación de valor económico para la empresa del uso y la gestión de la logística inversa, más allá de los valores aceptados por la comunidad y con fuerte reconocimiento social, que implica su impacto beneficioso en el medio ambiente y el desarrollo sostenible.

La clave se resume en que la logística inversa debe constituir un elemento más de ventaja competitiva para la empresa, tanto en los sectores industriales como para el comercio minorista, los servicios, etc., que ha de permitir a las empresas y sus órganos de dirección ver en dichos flujos de logística inversa una fuente de beneficio y no un gasto más o menos soportable, sin caer en los siete «pecados capitales» de la logística inversa detallados en el capítulo 2 y que tan habitualmente se obvian.

La primera y posiblemente más importante conclusión es que la logística inversa no puede definirse como «lo mismo que la logística directa, pero al revés». Se trata de una disciplina más de gestión empresarial, con sus propias características y elementos distintivos.

Por otro lado, pero no por ello menos importante, de igual modo que el concepto de gestión de la cadena de suministro no se basa en un conjunto de buenas prácticas con más o menos éxito, sino en una teoría y un principio económicos, la gestión de la cadena de suministro inversa se nutre de estas fuentes. Por ende, incorpora en su gestión los mismos valores y resultados, entendiendo que todo sistema económico alcanza su máxima eficiencia en el esfuerzo que todos sus miembros buscan para ellos mismos, al tiempo que lo hacen para el conjunto del sistema al que pertenecen.

La conclusión, suficientemente constatada y extendida, de que, en el final de vida y ciclo de un producto, la responsabilidad es de los fabricantes de los productos es inherente al concepto de ciclo de vida y a los seis caminos que determinan el flujo de la logística inversa, así como a las diversas estrategias que los productores pueden realizar en cada uno de ellos para su máximo aprovechamiento y mejor eficiencia económica.

El enfoque eminentemente práctico y de aplicación que se ha tomado a lo largo de la obra es fruto de la experiencia en sectores diversos y con casuísticas distintas, y pretende mostrar la amplitud de las aplicaciones de la logística inversa como actor en la economía, tanto empresarial como social. Por tanto, los distintos casos muestran la amplitud de aplicación y lo variado de sus estrategias y modelos de operación.

Es en este último sentido, el de la aplicación práctica, en que esta obra encuentra su verdadera identidad y focalización. Con una sólida concepción teórica no es suficiente; se necesita la práctica y la experiencia empresarial para asentar progresivamente la excelencia de la logística inversa como herramienta competitiva y, por consiguiente, como ventaja en el cambiante y exigente entorno económico.

Bibliografía

- *Centro de Iniciativas para la Producción Limpia. Anuario 2009.* Generalitat de Catalunya, 2009.

- *El arte de la guerra.* Sun-tzu. Editorial EDAF, Madrid, 2001.

- *Estrategia competitiva.* Michael E. Porter. Editorial Cecsa, México, 1982.

- *La estructuración de las organizaciones.* Henry Mintzberg. Editorial Ariel, Barcelona, 1984.

- *La riqueza de las naciones.* Adam Smith (1780). Ediciones Orbis, Barcelona, 1983.

- *Logística inversa. Medio ambiente y logística.* Ana Pérez, Miguel Ángel Rodríguez y Federico Sabriá. Marge Books, Barcelona, 2003.

- *PET Planet,* 05/10 (2010).

- *Plásticos y caucho,* 658 (2011).

- *Residuos,* 117 (2010).

- *The Practice of Management.* Peter F. Drucker (1954). Collins, Nueva York, 2006.

GESTIONA

Lean Company. Más allá de la manufactura
Luis Socconini

Lean Energy 4.0. Guía de Implementación
Luis Socconini, Juan Pablo Martín

Lean Manufacturing. Paso a paso
Luis Socconini

Lean Six Sigma. Sistema de gestión para liderar empresas
Luis Socconini, Carlo Reato

Cómo hacer de la cadena de suministro un centro de valor
Angel Caja Corral

Cadena de suministro 4.0
Alberto Tundidor, Eva Hernández, Cristina Peña, Javier Martínez, Javier Campos, Carlos Hernández

El crédito documentario y el mensaje SWIFT
Luis Sánchez Cañizares

La investigación en seguridad. Del Titanic a la ingeniería de la resiliencia
Jaime Rodrigo de Larrucea

Manual del comercio electrónico
Eva María Hernández Ramos, Luis Carlos Hernández Barrueco

Sales and operations planning. S&OP in 14 steps
Cristina Peña Andrés

Economías transformadoras de Barcelona
Ruben Suriñach Padilla

Planificación de ventas y operaciones. S&OP en 14 claves
Cristina Peña Andrés

Cómo participar en ferias comerciales
Cristina Peña Andrés

Manual de prevención de riesgos laborales
Blas Gómez

La economia social y solidaria en Barcelona
Ivan Miró, Anna Fernàndez

Negociación para el comercio internacional
Cristina Peña Andrés

Manual del manipulador de alimentos
Blas Gómez

Manual de seguridad en el trabajo
Marge Books

Cómo innovar en las pymes. Manual de mejora a través de la innovación
Alberto Tundidor Díaz

Incoterms 2020. Manual de gestión
Alfonso Cabrera Cánovas

Manual de estrategia de operaciones
Ángel Caja Corral

La Industria 4.0 en la sociedad digital
Antoni Garrell Guiu, Llorenç Guilera Agüera

Cerebro, inteligencias y mapas mentales
Zoraida G. de Montes, Laura Montes G.

Manual de gestión aduanera. Normativas del comercio internacional y modelos de integración económica
Pedro Coll

Guía documental para exportar e importar. Los 12 documentos clave
Alberto García Trius

Mass customization. Las claves de la personalización masiva
Blas Gómez Gómez

Crédito documentario. Guía para el éxito en su gestión
Cristina Peña Andrés, Amelia de Andrés Leal

Guía práctica de las reglas Incoterms® 2020
David Soler

Certificación Lean Six Sigma Green Belt para la excelencia en los negocios
Lean Six Sigma Institute, SC

Lean Six Sigma Yellow Belt. Manual de certificación
Lean Six Sigma Institute, SC

Negociación intercultural. Estrategias y técnicas de negociación internacional
Domingo Cabeza, Pelayo Corella, Carlos Jiménez

Regímenes aduaneros económicos y procesos logísticos en el comercio internacional
Pedro Coll

Inglés náutico normalizado para las comunicaciones marítimas
José Manuel Díaz Pérez

Shipping & Commercial Case Law
Albert Badia

Gestión financiera del comercio internacional
Josep M.ª Casadejús

MARGE BOOKS
València, 558 – 08026 Barcelona – Tel. +34-931 429 486 – marge@margebooks.com – www.margebooks.com